AF358461

VIE DU PÈRE CHEVRIER

Le P. CHEVRIER

Fondateur de la Providence du Prado.

VIE

DU

PÈRE CHEVRIER

FONDATEUR

DE LA PROVIDENCE DU PRADO

à Lyon

Par A. DELASERRE

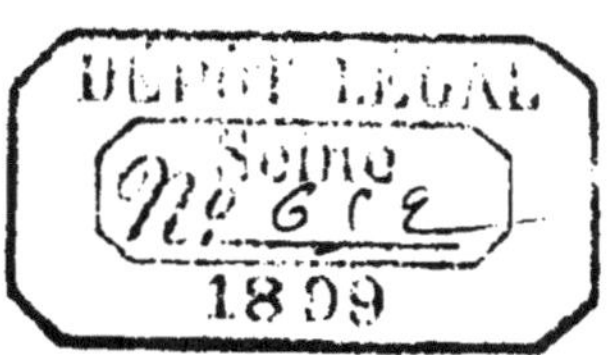

LYON		PARIS
PAUL GIROD		ŒUVRE DE LA PREMIÈRE-COMMUNION
éditeur		et des Orphelins-Apprentis
2 — Rue Saint-Dominique — 2		40 — Rue La Fontaine — 40

1899

PROTESTATION DE L'AUTEUR

En donnant au P. Chevrier les titres de vénérable, de saint, nous ne prétendons pas prévenir le jugement de l'Eglise, nous voulons seulement exprimer l'opinion des fidèles sur ce célèbre personnage, laissant au Saint-Siège Apostolique à décider sur la sainteté de sa personne.

ARCHEVÊCHÉ
DE
LYON

Lyon, le 30 septembre 1898.

Au nom de Son Eminence le Cardinal Archevêque de Lyon, nous approuvons et recommandons la nouvelle *Vie du P. Chevrier.*

BONNARDET,
Vic. Gén.

ÉVÊCHÉ
DE
MONTPELLIER

Le 7 décembre 1898.

MADEMOISELLE,

L'approbation de Son Éminence le Cardinal-Archevêque (1), si capable lui-même d'apprécier et de recommander les exemples des Saints, suffisait amplement pour faire accueillir partout avec con—fiance la *Vie* que vous vous proposez de publier, du bon *Père Chevrier*.

Mais vous voulez que votre travail soit un hommage filial envers les Religieuses (2) auxquelles votre éducation doit les caractères qui la distinguent : la foi, le dévouement, le zèle pour la gloire de Dieu. Et, parce que, quelquefois, vous m'avez vu, au milieu de vos maîtresses, heureux de retrouver en elles l'esprit de celles de leurs pieuses compagnes que j'ai eu le bonheur de connaître dans ma jeunesse, vous désirez abriter aussi, sous mon humble patronage, le

(1) De Lyon.
(2) Les Dames de l'Assomption.

livre dans lequel vous avez essayé de faire passer quelque chose des enseignements que vous avez reçus, et qui se sont gravés si profondément dans votre cœur. Ce désir est si touchant dans sa naïveté que je ne puis refuser de m'y rendre.

Mais j'aurai mieux que mon faible suffrage pour vous féliciter d'avoir étudié l'admirable existence du créateur de tant de belles et saintes œuvres dans les environs de Lyon. Grâce à l'honneur que j'ai eu de vivre longtemps à côté de Mgr Claude-Henri-Augustin Plantier, l'éloquent et vaillant Évêque de Nîmes, j'ai pu recueillir bien souvent sur ses lèvres l'expression enthousiaste de ses sentiments affectueux et respectueux à l'égard de M. Chevrier. Il en parlait comme d'un saint ; il se plaisait à le citer comme un modèle parfait de la piété et de la charité sacerdotales ; il était fier de dire que, dans ce siècle, le clergé de Lyon avait produit de véritables héros du dévouement apostolique, et que la sève des vertus lyonnaises avait prouvé par là que sa vigueur n'était pas épuisée.

Auprès de ce témoignage, d'une si haute valeur, je puis placer les éloges qu'un simple curé de campagne de l'Isère, M. l'abbé Grange, alors desservant à Saint-Jean-de-Soudain, donnait à son ami d'enfance, M. Chevrier. Il ne se lassait pas de proclamer que, à la Providence du Prado, où il avait souvent reçu l'hospitalité, il avait vu, comme on les voyait à Ars, au temps du Vénérable M. Vianney, les prodiges de la foi, de l'espérance et de la charité chrétienne.

C'est donc avec une satisfaction réelle que j'applaudis, Mademoiselle, aux efforts que vous faites pour répandre la connaissance des grands mérites de M. l'abbé Chevrier ; et je mets dans ma voix, pour vous encourager, tout ce que je puis emprunter à l'autorité de ceux qui, ayant approché personnellement le saint prêtre dont vous racontez les œuvres, ont subi le charme puissant de sa douce et si efficace influence.

Agréez, Mademoiselle, l'hommage de mon respect.

† FR. MARIE-ANATOLE,

Évêque de Montpellier.

Paris, le 25 décembre 1898.

MADEMOISELLE,

J'ai lu, avec un réel intérèt, les pages que vous avez consacrées à la vie du P. Chevrier. En vingt ans, il a fondé des œuvres admirables : l'œuvre des petits enfants, celles de la première communion et de la persévérance, le cercle pour les jeunes gens, une école cléricale, une communauté de religieuses. Mais ce qui m'a surtout frappé, ce sont les chapitres où vous racontez sa vie intérieure ; c'est là que l'on découvre le secret de son apostolat.

Il a été apôtre, parce qu'il a aimé la pauvreté, l'humilité, la souffrance. La sève intérieure explique la beauté et l'abondance des fruits. Le saint fait comprendre l'apôtre. Sans vie intérieure surnaturelle, pas d'activité extérieure vraiment féconde. L'intensité de l'action extérieure est en rapport direct avec l'intensité de l'action intérieure. Les mêmes causes produisent toujours les mêmes effets. Ce n'est pas l'individualisme, la mise en relief du moi qui a créé toutes ces œuvres dont s'honore l'Église ; c'est au contraire le renoncement au moi, l'*Abneget semetip-sum*, la diminution volontaire du moi, l'*Oportet illum crescere, me autem minui*.

Le P. Chevrier, par sa vie, nous donne une fois de plus la démonstration de cette vérité, vieille comme l'Évangile. En le présentant tel qu'il a été, vous avez mis en lumière une de ces gloires et de ces grandeurs dont vous parlez et dont les Lyonnais sont justement fiers. C'est une bonne gloire celle-là, car elle est fondée sur l'humilité ; c'est une vraie grandeur, car elle est fondée sur la réduction du moi. En faisant revivre les vertus du P. Chevrier, vous éveillerez des dévoue-ments, vous lui susciterez des imitateurs ; vous pro-longerez en quelque manière son apostolat. Ce sera votre meilleure récompense, la seule que vous ambi-t'onniez.

Veuillez agréer, Mademoiselle, l'hommage de mon religieux respect en Notre-Seigneur.

H. ODELIN,

Vicaire général de Paris,
Directeur des Œuvres diocésaines.

AVANT-PROPOS

Un des plus grands orateurs sacrés de notre siècle, celui qui a laissé tomber du haut de la chaire des paroles frappées au coin du génie et parfois du sublime, le P. Lacordaire, a dit :

« Si triste que soit aujourd'hui le spectacle du « monde, il ne faut plus laisser les esprits se jeter dans « le découragement qui est le pire des maux.

« L'espérance doit survivre à tout et se montrer « en ceux qui sont dignes d'espérer : leur cœur est « l'asile de ce qui n'est pas encore corrompu. »

Quel est le meilleur moyen de ranimer cette espérance divine, de faire renaître la confiance en l'âme d'une nation, de la relever pour ainsi dire à ses propres yeux, afin de la rendre digne de son passé et vaillante pour l'avenir ?

C'est de lui montrer dans l'un de ses enfants issu de son vieux sang gaulois, l'héroïsme du dévouement, l'immolation de la charité, et surtout de faire rayonner le seul foyer où s'allument ces sublimes vertus : la Religion catholique.

C'est d'essayer de pénétrer dans le milieu des « gens du monde » parfois indifférents, quelque peu railleurs, de leur faire comprendre, aimer notre religion et ses apôtres en les révélant dans leur *vraie* et *grande* beauté.

Telle est l'œuvre que nous entreprenons aujourd'hui.

Certes, nous sommes fortement convaincu de rester en dessous de notre tâche qui, pour être digne en tous points du prêtre dont nous voulons parler, demanderait l'âme d'un apôtre et la plume d'un maître.

Mais une « Vie de Saint » n'est pas une œuvre de littérature, c'est avec le cœur qu'il faut la lire, car Dieu est « Amour et Vérité ».

Et plus que toute autre, la Vie du P. Chevrier s'adresse au cœur, car elle ne fut qu'un long acte d'amour et une touchante manifestation de cette charité que Jésus est venu apporter sur la terre.

« L'essence de toute intelligence est de connaître et d'aimer », disait Joseph de Maistre.

Ces deux mots résument le P. Chevrier. Il a connu les souffrances de son temps, les souffrances des petits, des humbles, des coupables ; il les a aimés.

Et parce qu'il les aimait il leur a ouvert tout grands ses bras de prêtre, il les a sauvés en fondant une Œuvre admirable qui sera une des gloires de notre XIXe siècle, et qui prouvera une fois de plus, et d'une manière éclatante, que l'Eglise de Jésus-Christ est la seule source de fécondité et de vie.

Notre plan est simple.

Nous conduirons d'abord le lecteur là-bas, dans le quartier populeux et populaire de « La Guillotière, à Lyon ».

Nous lui ferons visiter le « Prado » ce palais de la pauvreté, dont les pierres branlantes chantent les gloires héroïques de la charité.

Puis nous lui montrerons les diverses Œuvres du Prado, simples dans leurs voies, sublimes dans leurs résultats.

Et lorsque nous aurons regardé, et peut-être compris, alors nous dirons ce que fut celui qui, plus fort que le monde et plus fort que la haine, sans ressources, sans secours, fonda cet asile béni, rejetant tous les moyens humains pour s'appuyer uniquement sur Dieu dont les promesses sont éternelles.

Sa vie déroulée à nos yeux, nous pénétrerons dans l'intime de cette âme pour contempler de plus près le foyer d'amour qui irradia de si puissants rayons ; le principe surnaturel qui produisit de si nobles effets.

Parmi ceux qui liront ce livre, peut-être s'en trouvera-t-il quelques-uns qui, moins aptes à comprendre les choses de Dieu, hocheront la tête en murmurant : « C'est de l'exagération. »

A ceux-là, qu'il nous soit permis de citer une fois

encore le P. Lacordaire, convaincu que cette puissante parole éclairera leur esprit :

« Pour aimer à un certain degré il faut une foi
« profonde ; il ne faut pas seulement une raison qui
« sache discuter, mais il faut adorer, s'abîmer, s'ané-
« antir.

« On reproche aux Saints d'avoir été des insensés !
« Oh ! oui, ils avaient perdu le sens.

« Est-ce que l'on peut aimer sans être fou ? Aimer,
« c'est s'immoler, c'est estimer la vie de celui qu'on
« aime plus que deux mille fois la sienne ; c'est pré-
« férer tout, les tortures, la mort, plutôt que de bles-
« ser, dans le fond du cœur, celui que l'on aime. N'est-
« ce pas là de la folie ?

« Souvenez-vous de ces soldats qui allaient sans
« souliers et sans pain combattre sur la frontière et
« mouraient contents en criant de leur dernier souf-
« fle : « Vive le Roi ! »

« C'était de la folie ; mais de cette folie sublime
« qui crée et sauve les nations et qui, agrandie
« sur le Calvaire, dans la personne d'un Dieu, a
« recréé et sauvé le monde, et transmise à l'Eglise
« catholique y perpétuera jusqu'au dernier jour
« avec l'héroïsme de la vertu la splendeur de l'auto-
« rité. »

Voilà ce qu'est un *Saint*.

Et parce que nous n'avons pas le courage d'imiter
ou que Dieu ne nous a pas appelés à un degré aussi

éminent de vertu, ne nous croyons pas le droit de blâmer ni de sourire.

Que l'on ne s'étonne pas non plus de la fréquence des citations, soit des paroles, soit des écrits du P. Chevrier. N'est-ce pas là que l'on trouve le reflet de la beauté intérieure d'une âme et comme l'écho des vibrations saintes que rend un cœur consumé d'amour pour Dieu et les hommes ?

Souvent aussi nous céderons la plume à quelque célèbre écrivain, nous retranchant avec joie derrière son autorité ou son talent.

Qu'il nous soit permis ici de remercier tous ceux qui nous ont aidé dans notre travail et pour lesquels nous avons une vive reconnaissance.

Le chemin nous était déjà frayé par une plume beaucoup plus autorisée que la nôtre, et dont le monde catholique apprécie, comme ils le méritent, les nombreux et excellents ouvrages : M. Villefranche.

Si dans une seule âme nous avons pu rallumer l'étincelle de la foi ou de l'amour prête à s'éteindre, notre but sera largement atteint, et nous remercierons la Vierge bénie, Notre-Dame des Sept-Douleurs, à laquelle nous consacrons ce modeste ouvrage écrit pour la gloire de Dieu.

A. DELASERRE

Lyon, ce 6 janvier 1898, en la fête de l'Epiphanie.

I a Cathédrale Saint-Jean, à Lyon.

CHAPITRE PREMIER

Lyon. — La Guillotière. — Le Prado.

Ecrire ce mot *Lyon*, c'est faire resplendir sous une lumineuse auréole, toutes les gloires, toutes les grandeurs. C'est faire ressusciter, sortir de l'ombre, de l'oubli, un passé tissu de noblesse. C'est surtout évoquer les douces et pures figures de la charité.

Cette charité dont les ailes s'étendent sur la vieille cité des Gaules et qui allume sa flamme bénie au sein des foyers et des cœurs.

Nous n'avons pas ici à ouvrir les annales des vieux siècles qui portent au front le double diadème du labeur et du dévouement.

Nous n'avons pas à raconter l'histoire des enfants de *Lugdunum* : elle est écrite en lettres d'or dans les arts, les sciences, la littérature, la guerre, et souvent scellée du sceau du génie.

Beaucoup ont lu cette histoire, beaucoup la liront, tous s'inclineront avec respect.

> « *Je suis le lion qui ne mord point,*
> « *Sinon quand l'ennemi me poins.* »

Non, il ne mordra pas ce lion puissant et fort qui dresse orgueilleusement sa tête superbe et fait luire l'éclair de son glaive. Il est bon et doux à toutes les souffrances, pour elles il restera toujours « Lion le meilhor ».

Mais que l'ennemi lui jette un outrage, alors l'acier du glaive resplendira comme un phare de victoire. Il mordra, le lion terrible des jours de bataille pour sauver l'honneur de la grande cité.

Seule entre toutes les villes, Lyon a reçu deux titres qui sont les plus beaux fleurons de sa couronne gemmée de gloire ; on l'appelle : la ville de la sainte Vierge, la ville des œuvres.

Nulle part le culte de Marie n'est développé comme à Lyon.

Chacun la connaît, l'aime, la bénit ou l'invoque. C'est de milliers de poitrines que chaque jour s'échappe, toute frémissante d'amour, l'invocation : « Notre-Dame de Fourvière, priez pour nous ! »

Et beaucoup, peut-être qui ne savent plus dire : « Notre Père qui êtes aux cieux » répètent encore, écho d'un vieux cantique qui berça leur enfance : « Notre-Dame de Fourvière, priez pour nous. »

A côté de l'antique chapelle, tapissée d'ex-voto, remplie d'une foule recueillie, illuminée des tremblantes clartés des cierges et des lampes, s'élève majestueuse et noble, couronnée de ses tours et de ses croix d'or, la citadelle de la Vierge, la splendide basilique.

C'est le don du riche et du pauvre à la Reine des cieux ; l'un a donné de l'or, l'autre a donné *des sous*, et peu à peu la merveilleuse église a surgi de terre, poème de prière qui parle, vibre et chante pour la Vierge Immaculée au nom des Enfants de Lyon.

Les pèlerinages se succèdent et montent là-haut, égrenant leurs rosaires aux flancs de la colline. Et voici qu'un soir d'hiver Lyon tout entier s'embrase.

A la fenêtre de l'hôtel somptueux, à la mansarde délaissée scintillent des étoiles de feu.

Partout des croix de lumière, des *Ave Maria* éblouissants et la touchante inscription qui flamboie dans la nuit, gage d'espérance : « Lyon à Marie. » C'est le 8 décembre, c'est la fête de la Conception Immaculée de la Reine. Lyon s'illumine et jette à travers le monde le grand cri qui fait vibrer les foules : « *Credo !* »

Ville des Œuvres !

Combien ont pris naissance sur son sol fécond, détrempé du sang des martyrs !

Combien y vivent, y grandissent, y prospèrent !

Lyon ouvre ses bras et son cœur à toute pensée généreuse éclose d'un acte de foi ; la pensée devient une œuvre, et l'œuvre fait vivre les orphelins, les vieillards, les abandonnés, les pauvres, les malades.

Nulle larme ne tombe sans être essuyée ; nulle plainte ne s'élève sans être entendue, nulle douleur ne parle sans être soulagée.

Que merveilleuse serait la brève nomenclature des œuvres multiples de la seconde ville de France.

Et nous qui allons essayer de dire l'histoire d'une de ces manifestations de la charité, nous sourions à notre tâche qui nous semble si douce, et nous avons voulu qu'avant tout on connût la puissance de Lyon dans le bien.

Pour avoir une idée approximative et générale de Lyon, il faut monter à Fourvière par un de ces purs matins de printemps, et de là-haut contempler le vaste panorama qui se déroule baigné d'une lumière claire et tranquille.

Les deux fleuves traversent la ville dans toute sa longueur : l'un, rapide, torrent tumultueux descendu des glaciers, qui brise son écume aux arches des ponts : le Rhône ; l'autre, paisible et calme, qui caresse ses rives : la Saône.

De magnifiques lignes de quais aux puissants ombrages sertissent leur parcours.

A droite du Rhône se dresse la colline de la Croix-Rousse, ruche bourdonnante du travail où s'accrochent des essaims d'abeilles ouvrières et où l'on parle encore la pittoresque langue « des Canuts » expression lyonnaise qui désigne les ouvriers en soie.

A droite de la Saône, s'élève, gracieusement découpée, la seconde colline semée de couvents, de chapelles : nids de prière, de travail, qui se cachent dans la verdure ; joyaux célestes d'un riant écrin :

refuges de cœurs épris du « plus parfait » et où, se mêlant aux voix des cloches, les supplications ferventes montent vers Dieu pour la grande ville.

Très vaste, elle s'étend au loin la belle cité, avec ses vieux quartiers où dorment les souvenirs des temps qui ne sont plus ; avec ses antiquités romaines ; sa cathédrale du IXe siècle dont les dalles semblent garder la trace des pieds célèbres qui les ont foulées : Martyrs, saints, évêques, monarques ; avec ses monuments, ses somptueuses avenues inondées de lumière, ses places, ses jardins et surtout ses hôpitaux, ses maisons de refuge pour toutes les misères.

Mais à côté des quartiers du riche, il y a ceux du pauvre, de l'ouvrier et, trop souvent hélas ! du mal !

Un des plus connus à Lyon, dont le nom seul éveillait des visions d'attentats, de vols, de repris de justice, où vit encore une population plus ou moins suspecte, c'est « La Guillotière ».

Depuis quelques années, il est vrai, cette partie de la ville située dans l'immense plaine s'étendant à gauche du Rhône se transforme avec une étonnante rapidité.

Mais, à l'époque où fut fondée la Providence du Prado, c'était encore la vraie « Guillotière » dans toute l'acception du mot.

Au centre de l'ignorance, du vice, de la misère, il fallait planter la Croix rédemptrice, faire fleurir les vertus évangéliques en soulageant la souffrance : l'Œuvre fut accomplie, elle vit et vivra toujours.

Lorsque, quittant l'avenue de Saxe on s'engage dans la rue Dumoulin, on a vite atteint une façade d'aspect misérable et délabré dont les grossières ouvertures cintrées font deviner une chapelle. Voici une petite porte en bois vermoulu ; six à sept marches à descendre et l'on pénètre en effet dans la maison du Bon Dieu. Le regard est de suite attiré par un grand Christ qui, dans le fond de la chapelle, derrière l'autel, étend ses bras crucifiés. Debout dans l'attitude de la douleur qui s'immole, Marie, la Mère du Rédempteur, contemple l'agonie de son Fils.

Jean le bien-aimé, qui a senti battre contre son cœur le Cœur du Sauveur, est là aussi, les yeux fixés sur la Victime du monde, et Madeleine, la grande pécheresse, abîmée aux pieds de la Croix, reçoit sur son front purifié les dernières gouttes du sang dans lequel sont lavées toutes les iniquités.

Une lumière pâle tombe d'en haut éclairant la scène adorablement sublime de la mort de Jésus.

Et dans le tabernacle Il est là, vivant au milieu de ses enfants, de ceux qu' « ayant aimés dans le monde Il aima jusqu'à la fin ».

Au-dessus du chœur, la puissante parole qui a transformé la face de la terre se détache : Testament suprême du grand Législateur : « Aimez-vous les uns les autres. »

Le Prado.

C'est le mot d'ordre du « Prado » ; son cri de ralliement.

A droite, voici la statue de Notre-Dame des Sept-Douleurs entourée de sept petits tableaux représentant le long martyre de la Vierge bénie entre toutes les vierges.

Sous l'autel reposent, enfermés dans une modeste châsse, les reliques de saint Justin.

Tout à côté, une urne blanche garde précieusement le cœur du saint Fondateur.

A gauche l'autel et la statue de saint Joseph le noble ouvrier. — Celle du Sacré-Cœur.

Les pauvres murs disparaissent sous les stations du Chemin de la Croix, et les humbles tableaux que le fondateur avait fait placer pour enseigner par les yeux en même temps que par la prédication, les touchants mystères de la religion.

Les statues de saint François d'Assise, de saint Régis, saint Jean-Baptiste, saint Pierre, saint Paul, saint Antoine de Padoue, semblent prêcher les vertus qu'eux-mêmes pratiquèrent avec tant de courage.

Des bancs de bois garnissent le milieu de la chapelle.

Des deux côtés on accède par quelques marches à deux petites salles.

Celle de droite est le sépulcre.

Dans un enfoncement formé par des rocailles le

Christ est étendu dans le sommeil de la mort. Des anges veillent à ses côtés portant les instruments de la passion.

Deux grottes abritent la Mère du Sauveur tenant dans ses mains la sainte Couronne d'épines qui ceignit le front de son Fils d'une royauté plus grande que le plus merveilleux diadème, et sainte Madeleine que la pénitence et le repentir ont immortalisée.

Sur le fond de la muraille une peinture évoque le « Golgotha » dans la sombre horreur qui suivit la descente de Croix. Le Ciel est chargé d'orage et de foudre, la solitude enveloppe la montagne et les gibets se dressent, mais celui du milieu est désormais le gage de notre espérance.

« *O Crux ave spes unica !* »

De l'autre côté la crèche. D'abord, l'Annonciation : Marie écoute l'Ange et la réalisation succède aux promesses.

« Le Verbe a été fait chair. »

Puis voici la grotte de Bethléem. Sur l'humble crèche repose le Divin Enfant qui tend ses petits bras et sourit, tandis que sa Mère et Joseph adorent et que les vulgaires animaux de l'étable réchauffent de leur haleine le doux Messie !

Au temps de Noël les bergers et les mages, parmi les cierges et la verdure, semblent descendre du sommet de la grotte, et les anges balancent dans les airs les paroles de paix et de joie : « Gloire à Dieu au plus haut des cieux. »

Puis dominant le petit sanctuaire, Notre-Dame de Lourdes, si radieusement belle sur sa roche noire, rappelle le nouveau témoignage de sa tendresse pour la terre de France.

Enfin la figure émaciée de l'héroïque pauvre, saint Benoît Labre.

Au milieu de la chapelle une longue dalle ferme le tombeau de celui qui pria entre ces pauvres murs. Une croix, un calice, une ancre s'entrelacent : Foi, Espérance, Charité.

Au-dessous on lit l'inscription suivante en latin :

Ici repose dans la paix
Antoine Chevrier, prêtre,
Fondateur de la pieuse institution
pour l'instruction chrétienne des ignorants
et l'éducation des clercs.

Et maintenant quittons la chapelle et pénétrons dans cette demeure où la pauvreté, connue, aimée, règne en souveraine.

Des couloirs étroits, aux murs bruts, des portes branlantes, des escaliers de bois raides, à peine larges pour une personne, des salles délabrées, pas un ornement, pas une décoration, rien que la plus austère nudité, rien que des croix grossièrement taillées et le portrait du saint prêtre qui laissa un peu de sa grande âme parmi cette misère.

Nous voici dans la chambre qu'il occupa pendant de longues années.

Une planche, une paillasse : c'est le lit.

Un placard qui tombe de vétusté ; un bureau à peine équarri surmonté des livres de travail ; une petite table ; un vulgaire prie-Dieu en bois placé au-dessous d'un crucifix et des statues de saint François d'Assise et du curé d'Ars.

Contre les murs : le Christ portant sa croix, dessin fait par une religieuse de la maison. Le tableau de première communion du bon Père, et enfin son portrait en plâtre.

C'est dans ce dénuement absolu de tout, dans cette complète privation des choses extérieures que vécut et mourut le grand apôtre dont nous allons essayer de retracer les traits.

En pénétrant dans cette humble cellule, une émotion inconnue vous saisit. On pressent que de grandes choses se sont accomplies là, dans le silence de la prière, dans l'immolation de la pénitence, dans l'anéantissement de la pauvreté.

« O Dieu ! que vous êtes admirable dans vos Saints ! »

De l'autre côté de la rue, dans une véritable masure, sont logées les religieuses et les petites filles.

Cherchez, nous ne dirons pas la trace du luxe, ce

mot est absolument inconnu à la Providence du Prado, mais tout au moins l'apparence d'un léger bien-être, vous ne trouverez que misère, pauvreté, à peine le strict nécessaire.

Et pourtant au milieu de ce délabrement qui serre le cœur, on ne rencontre que des visages souriants, que des regards emplis d'une joie sereine.

Le bonheur qui fuit si souvent les somptueuses demeures, se réfugie là, dans l'asile de la souffrance et du travail.

« C'est ici la maison de Dieu et la porte du Ciel (1) ! »

Nous ne pouvons donner qu'un rapide aperçu de l'ensemble du Prado.

Cachées derrière ces humbles murs, deux Œuvres admirables s'épanouissent au même soleil : le soleil de la charité qui veut donner à l'Eglise des prêtres évangéliques, à la société des chrétiens, à tous l'amour de Dieu.

(1) Genèse, xxviii, 17.

CHAPITRE II

L'Œuvre du Prado. — Les Premières Communions. — La Persévérance. — Les Petits Enfants. — L'École cléricale.

« Quels que soient les torts d'un peuple ou d'une
« époque, la génération nouvelle au moment de sa
« naissance est en dehors de la dépravation générale
« et ne sait rien du mal de ses pères.

« L'âme de l'enfant est une page blanche, et, tout
« atteinte qu'elle est de la faute originelle, elle est
« apte à recevoir l'impression de la vérité et de la
« vertu.

« C'est par l'enfance que Dieu rend les siècles
« corrigibles et les nations guérissables.

« C'est par elle qu'il fait pénétrer l'innocence
« dans le monde comme par le malheur le repentir.

« Lorsque vous voulez rendre à un peuple les
« croyances, les habitudes qu'il a perdues ; lorsque
« vous cherchez à réformer ses mœurs, à régénérer
« sa vie, ne vous effrayez ni de ses refus, ni de sa
« persévérance dans le mal.

« Ne vous découragez point si vos efforts ne

« triomphent pas de son obstination, de son endur-
« cissement. Il y a là des petits enfants qui ne repous-
« sent rien, n'ont de parti pris contre personne,
« croient à toute parole, espèrent en toute promesse,
« et tendent leurs cœurs à quiconque leur ouvre ses
« bras.

« Dieu les envoie aux familles les plus perverses
« pour laisser au bien quelque chance auprès d'elles.
« Il les confie à la charité pour la consoler des mé-
« comptes du présent et lui ouvrir les portes de
« l'avenir (1). »

Que pourrait-on ajouter à cette éloquente page du vicomte de Melun sur l'enfance ?

Tous ceux qui ont une vue nette des nécessités de l'heure présente comprennent que l'enfant, c'est le salut ou la ruine d'une nation, parce que demain il sera un homme.

Or la première Communion est le flambeau qui illumine la vie, la base de tout édifice moral, l'action suprême d'où dépend parfois une existence entière, plus que cela : le Salut éternel.

Voilà pourquoi les âmes zélées cherchent avant tout à faire faire aux enfants une bonne première Communion.

Telle est la première œuvre de la « Providence du Prado ».

______

(1) Vicomte de Melun. *Vie de sœur Rosalie.*

Elle va chercher le rebut pour ainsi dire de la jeunesse et de l'enfance ; ceux que leur mauvaise conduite a fait renvoyer des catéchismes de paroisse, ou qui ont de beaucoup dépassé l'âge voulu, ou bien encore qui, grandis dans le vice, ne connaissent le nom de Dieu que pour le blasphémer. Elle accepte aussi les enfants d'intelligence bornée.

Tous ceux-là, elle les appelle, elle les prend. Pendant six mois, elle les sépare du contact extérieur, les habille, les nourrit, les héberge et en même temps s'efforce, · avec l'admirable tendresse d'une mère, de faire pénétrer peu à peu en ces âmes incultes la pure lumière du catéchisme sortie de l'Evangile.

Avant la messe du matin, accompagnée d'une explication, premier catéchisme.

A neuf heures, catéchisme dogmatique.

A une heure, développement simple et familial d'un mystère du Rosaire, suivi de la récitation du chapelet ou du Chemin de la Croix.

Le soir, instruction et prière.

Entre chacun de ces exercices, les enfants apprennent quelques notions d'orthographe et de calcul, mais le catéchisme est la première, la principale étude.

Les enfants sont là pour apprendre ce que c'est qu'un chrétien et recueillir la semence féconde de la vérité et du devoir.

Au bout de quinze jours environ tous, même les plus rebelles, sont habitués au régime de la maison.

Peu à peu s'opère une admirable transformation ; sous le souffle de la religion, ces pauvres êtres précocement vicieux et abêtis se relèvent.

Leurs âmes flétries s'ouvrent aux suaves impressions de la grâce ; leurs cœurs atrophiés par la dureté ou l'indifférence se remettent à battre parce qu'ils sentent la tendresse et la pitié s'incliner sur eux.

Et, le jour de la première Communion venu, on ne voit que des visages rayonnants et comme transfigurés où le reflet d'une bonne conscience a fait place aux stigmates du vice.

Que touchante est la cérémonie de la première Communion au Prado !

On songe avec joie que, six mois auparavant, ces enfants, qui s'assoient à la table des Anges, étaient de vulgaires « vauriens », et que maintenant, régénérés, purifiés dans le sang du Christ, ils peuvent dire le front haut : « Notre Père qui êtes aux cieux. »

Puis la crainte succède à la joie. Demain ils vont retourner là-bas, dans le milieu délétère où ils doi—vent vivre... Combien persévéreront ?... Hélas ! nombreuses, sans doute, seront les défections et les apostasies. Mais l'étincelle allumée ne s'éteint presque jamais complètement.

Un jour ou l'autre la grande voix du souvenir se réveille, et l'on entend des paroles comme celles-ci :

« Je veux mourir en chrétien parce que j'ai fait ma première Communion au Prado. »

Le lendemain du jour béni, les enfants sont revêtus de la force divine par la réception du sacrement de Confirmation.

Tous les évêques ont su apprécier à sa juste valeur l'immense mérite de cette œuvre.

Notre vénéré cardinal Mgr Coullié, dont la grande âme et le cœur tout apostolique se penchent si tendrement vers les humbles et les petits, a donné le premier sacrement de Confirmation dans son nouveau diocèse au Prado, le 2 octobre 1893, et n'a jamais cessé de témoigner à l'Œuvre la plus paternelle bienveillance.

Une fois relancés dans la vie, les pauvres petits oiseaux ne sont pas oubliés par l'Œuvre qui les a un instant réchauffés sous son aile.

Autant que possible elle les place dans de bons ateliers et a fondé pour eux : la Persévérance.

Là les jeunes gens peuvent venir chaque soir se retremper aux sources de la Foi.

Le jeudi et le dimanche les portes sont ouvertes à tous. Deux fois par an ils représentent les touchants mystères de la naissance et de la mort de Notre-Seigneur Jésus-Christ.

Nouveau moyen d'aviver leur zèle et leur bonne volonté.

Tout ce que nous disons pour les petits garçons et

les jeunes gens se reproduit exactement pour les petites et les jeunes filles.

Actuellement, au Prado, il y a 60 garçons et 30 filles ; 90 âmes arrachées à Satan pour la moitié d'une année, ce qui monte à une moyenne de 180 à 200 enfants instruits, catéchisés, assistés par le Prado dans le cours de l'année entière.

Les chiffres seuls ont leur éloquence et se passent de commentaires.

Mais ce n'est pas tout : les petits enfants ont aussi leur part.

Le jeudi et tous les jours pendant les vacances ils viennent s'amuser au Prado.

Une heure de catéchisme le matin, une le soir.

L'après-midi on leur donne à goûter.

Et ces pauvres petits qui, livrés à des écoles sans Dieu, ne savent seulement pas faire le signe de la Croix, apprennent dans ces humbles murs les éléments de la grande science, la seule nécessaire : la science de connaître, d'aimer, de servir Dieu et d'aller au Ciel.

Ce qu'il y a de souverainement consolant, c'est que le bien fait aux enfants rejaillit souvent sur les parents.

A leur tour les petits chrétiens se font apôtres dans leur propre foyer et beaucoup, par leurs paroles ou leurs exemples, ont ramené dans le droit chemin un père ou une mère qui depuis longtemps s'en était écarté.

Quel spectacle magnifique que cette lutte du bien et du mal où toujours celui-ci est vaincu par la puissance de la charité !

Il semblerait qu'un tel apostolat dût suffire à une seule Œuvre. Le zèle ne dit jamais : c'est assez.

Le Prado arrache aux vices de pauvres enfants et rend à la société des chrétiens : c'est beaucoup. Il fait plus encore. Il donne à l'Église, à la France d'admirables prêtres façonnés sur le divin Modèle, nourris, pénétrés de l'esprit évangélique et reflétant dans leur propre vie la vie de Celui qui a dit : « Soyez parfaits comme votre Père céleste est parfait (1). »

Dans toute vocation, si sainte soit-elle en elle-même, il y a deux voies : la voie du *bien* et la voie du *mieux*.

C'est cette dernière que suivent les prêtres du Prado en prenant de la vie religieuse tout ce qui peut s'accorder avec le ministère actif dans le monde ; en se dévouant à une existence faite uniquement de travail, d'obéissance, de pauvreté, d'amour des petits et des misérables.

Pour se donner à l'œuvre de régénération de ces êtres parfois à peine civilisés, pour s'anéantir dans l'humilité d'une tâche ingrate, obscure et se faire pauvre avec les pauvres, il faut non seulement un appel spécial, mais une préparation spéciale.

(1) S. Mathieu, V. 48.

Tel est le but de l'École cléricale du Prado. Là, les jeunes gens qui se destinent à la prêtrise apprennent, dans la pratique des fortes vertus sacerdotales, ce que c'est qu'un *prêtre* dans la sublime et puissante acception de ce mot, le plus grand que l'homme puisse prononcer et qui personnifie un merveilleux idéal de sainteté et de justice.

Lorsqu'ils ont passé trois ans au Prado, ils vont à la Roche — pèlerinage situé aux Sauvages non loin d'Amplepuis et confié à l'Œuvre ; — puis à Limonest pour la philosophie et enfin au grand séminaire.

Alors, remplis de l'esprit de leur saint fondateur, ils deviennent prêtres, prêtres du Prado, se consacrent à l'Œuvre et l'on peut leur appliquer en toute vérité cette parole que Notre-Seigneur disait à ses apôtres : « Pour vous, vous n'êtes pas du monde. »

Et maintenant laisserons-nous dans l'ombre les douces et pures figures des religieuses qui, lis de virginale pureté, s'inclinent vers la fange pour la purifier ?

Affiliées comme l'Œuvre tout entière au Tiers-Ordre de Saint-François, elles ont leur règle basée sur la pauvreté qui est la vertu de prédilection du Prado.

Une robe de laine noire, un camail noir, un petit bonnet noir : c'est leur costume.

Le noviciat se trouve à Limonest.

L'on est heureux de causer un instant avec ces anges qui ont replié leurs ailes pour s'approcher des malheureux et leur montrer la route du ciel illuminée par l'espérance.

La première de toutes exerce avec un infatigable dévouement sa charge de supérieure.

Voilà en abrégé l'exposé des œuvres du Prado. O vous tous qui ne croyez pas à l'Église du Christ, venez et voyez !

Mais toute œuvre a son fondateur et son histoire comme toute fleur épanouie a son germe et sa racine.

Un homme, un Lyonnais, un prêtre qui aimait Dieu et les âmes a été la pierre angulaire de l'édifice.

Il se nommait Antoine Chevrier.

CHAPITRE III

Antoine Chevrier. — Enfance et Jeunesse.

« Une des plus signalées faveurs que le Ciel puisse
« accorder à un enfant, c'est de lui donner pour mère
« une femme vertueuse, une femme pleine de la
« crainte et de l'amour du Seigneur. On ne saurait
« trop le redire, c'est la mère qui forme le cœur et
« l'intelligence de l'enfant ; c'est la mère qui neutra-
« lise ses mauvais penchants, c'est la mère qui déve-
« loppe tout ce qu'il y a en lui de dispositions pour
« le bien ; c'est elle qui fait, dans la force du terme,
« sa première éducation pour le corps et pour l'âme.
« Une mère solidement chrétienne est donc, pour
« celui qui arrive à la vie, le plus grand gage de
« bonheur spirituel et temporel (1). »

Telle était Marguerite Fréchet, simple ouvrière
qui possédait, rue Confort, un modeste atelier pour
le tissage de la soie. Née à la Tour-du-Pin, elle avait
épousé Claude Chevrier, lyonnais de race, employé
de l'octroi.

(1) Abbé Guyard.

Intelligente, d'une piété sincère, un peu rigide, douée d'un jugement droit uni à une volonté énergique, Mme Chevrier réalisait le type de la femme forte, dont les œuvres sont vivifiées par une ardente foi et dont le cœur s'incline avec amour vers les malheureux.

Marguerite avait été préparée par Dieu pour avoir la gloire de lui donner un saint.

Le trait dominant du caractère de M. Chevrier était une gaîté franche, cordiale, et une grande bonté. L'entente la plus parfaite régnait à ce foyer chrétien ; et malgré la différence de ces deux natures, l'une entièrement sévère, l'autre tendrement indulgente, l'unité de direction pour l'enfant béni qui devait faire leur gloire ne fut jamais troublée.

Lorsque Marguerite Chevrier acquit la certitude qu'elle allait avoir l'insigne bonheur d'être mère, elle tressaillit de joie, et comprenant avec une netteté admirable la sublimité de sa tâche, la grandeur de sa mission, elle consacra sans réserve à Dieu le cher petit être. Chaque samedi elle montait vaillamment la colline de Fourvière pour demander à la Vierge très pure de bénir l'enfant qu'elle attendait.

Sa prière fut entendue, elle fut exaucée.

Le jour de la fête de saint Benoît Labre, le grand pauvre du Christ, c'est-à-dire le 16 août 1826, Lyon comptait un enfant de plus.

Le 18, en l'église Saint-François, le nouveau-né

Chapelle de Fourvière.

reçut le baptème avec le nom d'Antoine. Notre Seigneur Jésus prenait la possession de cette petite âme qu'il allait faire monter de degré en degré jusqu'au sommet de la perfection chrétienne, et donner en exemple au monde étonné.

Les premières années du petit Antoine s'écoulèrent donc dans ce milieu honnète, laborieux, où les fortes vertus morales s'épanouissaient sous le souffle vivifiant de la religion.

Sa pieuse mère, qui savait que le devoir est à tout instant frère du sacrifice et qui voulait faire de son fils un « homme », prit pour base première de son éducation les solides vérités chrétiennes sans lesquelles tout édifice est condamné par avance à la ruine.

Elle se donna à son œuvre d'éducatrice avec un dévouement inaltérable, mais aussi avec une énergie sévère. Elle ne négligea rien pour tremper virilement le caractère de son fils et rendre sa volonté capable de mâles résolutions.

Bien loin elle rejeta ces principes de mollesse, d'efféminisme que l'on trouve aujourd'hui au sein des familles se disant chrétiennes. — Que de mères françaises qui n'ont qu'un objectif : écarter du chemin de leurs enfants toute épine ; effeuiller sous leurs pas des tapis de roses, voiler l'austérité du devoir sous les faiblesses du caprice pour laisser plus tard ces pauvres enfants désarmés dans la grande lutte de la vie.

« Dieu a mis deux perles dans l'âme des enfants :
« l'obéissance et la pureté. Malheur à qui leur fait
« perdre l'une ou l'autre : il tue sans remède l'homme
« dans l'enfant (1). »

Mme Chevrier sut apprendre à son fils la précieuse leçon de l'obéissance à tel point que plus tard elle pourra prononcer cette magnifique parole, fleuron éclatant d'une couronne de saint : « Mon fils ne m'a jamais désobéi. » Heureuse mère d'avoir eu un tel fils ! Heureux fils surtout d'avoir eu une telle mère !

Si toutes les femmes de France qui portent ce doux titre comprenaient à quel point l'amour de l'obéissance est précieux pour une âme, notre société contemporaine, au lieu de prononcer le *non serviam* qui a bouleversé les cieux, serait sauvée.

Avec une sollicitude inquiète qui allait même jusqu'à l'excès, Marguerite Chevrier veillait sur son fils ; elle ne le quittait pas une minute.

Tout petit elle ne le laissait jamais inoccupé, lui apprenant à dévider des « canettes », à tricoter des bas, à lui rendre mille petits services dans son ménage, toutes choses auxquelles l'enfant se prêtait de bonne grâce, sachant qu'il fallait *obéir*.

A six ans Antoine fut envoyé chez les Frères.

Mais sa mère continua de le suivre avec sévérité,

______

(1) *Colonel Paqueron, sa Vie,* par M. Saivet.

n'acceptant pas cinq minutes de retard à l'heure du retour de la classe.

Ne devait-elle pas conserver avec amour cette seconde perle de l'âme de son fils : la pureté, et le soustraire à l'apparence même du danger.

Les heureuses dispositions d'Antoine se développèrent rapidement sous l'influence bénie des religieux auxquels il était confié.

Le terrain à cultiver était excellent.

On pouvait appliquer à son âme toute neuve encore et façonnée par un cœur austère ces paroles du P. Lacordaire traitant de la diversité des natures :

« Les uns, dit-il, viennent au monde pénétrés du
« souffle d'en haut, avec une foi si vive qu'elle ne
« leur coûte point d'effort et que leur âme semble
« être une page de l'Évangile écrite de la main
« même de Dieu.

« Leurs sens, dociles aux ordres de la raison, ne
« connaissent pas les injures de la révolte, ou s'il
« arrive qu'un vent trop fort les émeuve un instant,
« ils se font de ce trouble passager une paix plus
« profonde, un ciel plus serein.

« Leurs jours sont des heures, leurs pas des grâ-
« ces. »

Cependant on remarquait déjà chez Antoine Chevrier une extrême sensibilité qui lui faisait ressentir les impressions d'une façon intense, et une certaine vivacité de caractère.

Pendant la trop célèbre insurrection des ouvriers de Lyon, des « canuts », éclatée le 21 novembre 1832, le pauvre petit Antoine, blotti contre sa mère, pleurant de terreur, écoutait avec angoisse le bruit de la fusillade, les cris, les chants des insurgés qui se mêlaient au grondement du canon, au fracas des charges de cavalerie. Ces souvenirs ne s'effacèrent pas.

Durant les années qui précédèrent sa première communion, l'âme du jeune enfant s'ouvrit toute grande aux effusions de la grâce divine.

Un attrait puissant l'attirait vers ce qui devait être la sublime passion de sa vie d'apôtre : l'Eucharistie.

Sans bien comprendre encore, mais pénétré de ce besoin d'infini qui s'éveille en nous avec la vie et qui devient le tourment béni des natures d'élite, il s'écriait dans la ferveur de ses prières enfantines : « Je vous aime, ô mon Dieu, grand comme le ciel et la terre ! »

Enfin le 16 mars 1837, le visage illuminé de la joie sainte qui faisait battre son cœur, Antoine reçut son Dieu pour la première fois en l'église de Saint-François-de-Sales.

Que se passa-t-il entre Jésus et l'enfant bien-aimé qui prendra pour devise : « La crèche ! Le calvaire ! Le tabernacle » ?

Ici il faut nous arrêter et nous taire.

A partir de cette date mémorable les progrès d'Antoine furent de plus en plus rapides.

Servir la messe à 5 heures 1/2 du matin, même l'hiver, fut demandé par lui comme une faveur. Visiter Jésus dans l'Eucharistie était une joie.

Pendant trois ans il continua ses études chez les Frères, estimé de ses maîtres, aimé de ses camarades sur lesquels il prit, à son insu, une douce et salutaire influence.

Que de traits charmants de son enfance il y aurait à citer ; et surtout pendant les chères vacances passées à Chatenay, village situé à trois kilomètres de la Tour-du-Pin.

Antoine avait la gaîté de son père. Lorsqu'il s'amusait c'était de tout cœur et avec un entrain parfait.

Sa mère, la sévère Marguerite « impérieuse et pas commode, dure aux autres comme à elle-même » a pu dire de son fils :

« Il est bruyant, il aime à rire, à jouer, mais je ne l'ai jamais vu faire une méchanceté, ni dire un mensonge. »

Bel éloge dans la bouche de Mme Chevrier qui n'en était pas prodigue.

Cependant un vicaire de Saint-François, M. l'abbé Vignon, habitué à suivre le travail intime de la grâce dans les âmes, distingua le jeune Antoine et le crut appelé à la vocation sacerdotale.

Il en parla à l'enfant qui manifesta une joie bien vive en disant « qu'il n'aurait jamais osé penser à cela », puis obtint de ses parents l'autorisation de le faire entrer à la Manécanterie de Saint-François. Antoine avait 14 ans ; c'était en 1840.

Le jeune homme aimait naturellement l'étude. Il s'y donna avec ardeur, s'appliquant en même temps à travailler sur ses défauts et se faisant bientôt apprécier de tous : professeurs ou élèves. Les seuls reproches qu'il reçut lui furent attirés par sa mère qui, sans lui laisser le temps de faire ses devoirs, occupait ses soirées entières à dévider les « canettes ».

L'enfant ne se plaignit jamais et souffrit en silence sans rien perdre de ce profond respect, de cette forte affection qu'il eut toujours pour sa mère ; affection qu'il donnait aussi à son père se plaisant à le nommer : « Mon bon Père. »

N'entend-on pas dire parfois dans le monde cette étrange parole : « Les Saints ne savent pas aimer...»

Ah ! les seules âmes qui sachent véritablement aimer ce sont les *Saints*, parce qu'ils ont allumé cette flamme sacrée au foyer de l'amour infini : le Cœur d'un Dieu, et que la religion catholique en transfigurant les affections naturelles les élève, les fortifie et les rend plus fortes que la mort.

L'extérieur d'Antoine était si aimable, si doux, qu'on l'avait surnommé « le petit ange ». En effet, le cher enfant savait cacher l'austérité de sa vie intime et les efforts courageux de sa vertu sous la plus charmante affabilité.

Il se faisait tout à tous.

CHAPITRE IV

Le Séminariste. — L'Argentière. — Saint-Irénée.

Le moment était arrivé où l'école cléricale de Saint-François ne pouvait plus suffire à Antoine Chevrier. Il entra à l'Argentière en 1843.

« Cette école secondaire ecclésiastique est assise à « mi-côte sur la montagne du Châtelard qui termine au « nord-ouest le plateau d'Iseron. Elle domine la riche « vallée de la Brevenne, occupant les bâtiments de l'an-« cien prieuré de Notre-Dame de Coyse. Elle est diri-« gée par les prêtres de la société de Saint-Irénée (1). »

Sensible et tendre, Antoine éprouva un grand chagrin en se séparant de ses parents et de son excellent et si cher professeur M. l'abbé Grisaud. C'étaient ses premières, ses seules affections. Jusqu'alors l'univers entier avait été concentré pour lui au foyer paternel, à l'école et surtout à l'église paroissiale.

Néanmoins il mit peu de temps à s'habituer au nouveau genre de vie qui répondait aux aspirations

(1) Villefranche, *Vie du P. Chevrier*. Chapitre III.

de son âme éprise de grandeur morale, d'idéal, de travail. Comme à Saint-François, il eut bien vite conquis estime et affection.

« Ayant été de ses camarades nous pouvons lui
« rendre témoignage en pleine connaissance de cause.
« On ne pouvait voir sans respect Antoine Chevrier,
« le « grand Chevrier » comme nous l'appelions. Il
« avait déjà quelque chose de cet air simple et ma-
« jestueux qui imposait tant plus tard à ceux qui le
« visitaient.

« Modeste, réservé, un peu timide, il était l'ami
« de tous, s'amusait à tout ce qu'on voulait sans se
« départir jamais d'un certain calme plein de bonté
« et de charité.

« Pour le travail il n'avait pas son pareil.

« Il savait déjà bien faire toutes choses.

« S'appliquer quand c'était l'heure du travail ;
« jouer quand c'était l'heure de la récréation : *Age*
« *quod agis* (1). »

Sous la direction d'une pléïade de professeurs distingués, condisciple de jeunes gens qui pour la plupart devaient se faire un nom dans les lettres, les progrès d'Antoine étaient rapides.

Pénétré déjà de ce profond esprit de foi qui sera l'âme de sa vie sacerdotale, il se préparait à son entrée au grand séminaire d'où il devait sortir revêtu

---

(1) Villefranche. *Vie du P. Chevrier*. Chapitre III.

de la sainte dignité de prêtre à laquelle il aspirait avec ardeur.

Le regard fixé vers le but à atteindre, Antoine s'efforçait de détruire tous les défauts et même les imperfections que sa conscience délicate et droite lui reprochait.

Il n'y a point de vertu solide sans sacrifice, point de véritable piété sans renoncement, point d'amour de Dieu sans immolation.

Il savait cela le pieux jeune homme, et courageusement, simplement, il mettait « la cognée à la racine de l'arbre », faisant du sacrifice la base de sa conduite.

Aussi quelques mois après son entrée à l'Argentière il fut admis dans la Congrégation de la Sainte-Vierge dont il devint bientôt moniteur, ce qui lui permit de commencer à exercer parmi ses camarades l'apostolat qui devait consumer et ses forces et sa vie.

Après trois ans de sérieuses études dans lesquelles il obtint toujours un plein succès, Antoine Chevrier dit adieu à l'Argentière, et faisant un pas de plus, vit s'ouvrir devant lui les portes du grand séminaire de Saint-Irénée.

Jeune homme de vingt ans, doué d'heureuses qualités physiques, d'une intelligence lucide et muni de connaissances nombreuses, M. Chevrier aurait pu, à juste titre, se créer dans le monde une position honorable et peut-être espérer un brillant avenir.

Mais la gloire qu'il ambitionnait était plus haute, plus digne de son grand cœur : il voulait être prêtre.

Ce fut donc avec joie que, se séparant de tout, il se soumit à l'austère discipline du séminaire et, devenant de jour en jour plus sévère pour lui-même, commença l'apprentissage de sa vie d'apôtre.

Déjà il avait conçu de la sainteté du prêtre l'idéal magnifique qu'il devait réaliser.

C'est assez dire avec quel soin, quelle ardeur il prépara son âme à l'action du sacerdoce.

Le 29 mai 1847, l'abbé Chevrier reçut la tonsure. C'était le premier anneau de cette chaîne bénie qui allait l'unir plus étroitement à Jésus-Christ, le Souverain Maître auquel il se donnait tout entier sans réserve, sans partage, dans une immolation absolue de tout son être.

« Dieu et les âmes ! »

Cri d'amour et de zèle qui retentira à tout instant dans les écrits de l'abbé Chevrier, qui mettra son empreinte indélébile sur chacune de ses actions et marquera de son sceau les pages de son existence.

Dans le silence de la retraite et le recueillement de la prière, Antoine Chevrier commença l'étude approfondie de Jésus-Christ et de l'évangile où il puisera les vertus héroïques qui feront de son nom un écho de celui de Vincent de Paul ou de François de Sales.

Ecoutons-le lui-même.

« *Sacerdos alter Christus !*

« Il n'y a qu'une chose désirable sur la terre : con-
« naître Notre-Seigneur, l'aimer, le servir.

« Bienheureux celui qui le comprend et le met en
« pratique.

« C'est à Jésus-Christ que nous devons res-
« sembler.

« Etudier Jésus-Christ ; conformer notre vie à ses
« divins enseignements, à ses actions.

« Notre union avec lui doit être si visible, si in-
« time que les hommes puissent dire en nous voyant :
« voilà un autre Jésus-Christ.

« Comme l'apôtre je ne veux connaître que Jésus-
« Christ et Jésus-Christ crucifié : c'est le fondement
« de toutes choses.

« La vraie grandeur est en Dieu et ne peut se
« trouver que dans les choses et les êtres qui vien-
« nent de Dieu en conduisant à Dieu.

« Voyez l'Évangile ! Quelle grandeur ! Quelle no-
« blesse ! Quelle majesté ! et pourtant quelle simpli-
« cité !

« Jésus-Christ seul est la source de toute grandeur,
« de toute vraie beauté.

« Jésus-Christ c'est le fondement de notre vie,
« l'idéal de notre sacerdoce. C'est le grand livre dans
« lequel nous devons lire chaque jour quelques
« pages.

« Celui qui a trouvé Jésus-Christ a trouvé le plus
« grand trésor. »

On peut comprendre par ces paroles que plus tard
il adressait à ses enfants quel empire la grâce prenait sur ce cœur *donné*, et à quelle hauteur de perfection chrétienne monterait le prêtre qui était déjà
un séminariste si profondément pénétré de l'esprit
de l'Évangile.

C'est qu'il savait mettre à profit les années fécondes
du séminaire :

« Aller de l'égoïsme au sacrifice, de la vie natu-
« relle à la vie transfigurée, du bien au mieux ;

« Creuser dans son âme par le recueillement et par
« une attention plus fidèle à la grâce de nouvelles
« profondeurs ;

« Trouver dans la prière le moyen infaillible de
« mieux connaître la vérité et de devenir plus capa-
« ble de la communiquer aux âmes (1). »

Mais ce travail intime de l'abbé Chevrier n'était
connu que de Dieu seul et de son ange gardien qui
a dû recueillir bien des actes de vertu ignorés, bien
des sacrifices cachés.

Son extérieur restait simplement aimable et gai ;
il attirait par le charme de la bonté unie à une raison
précoce.

Aussi son rapide passage dans la famille de Court

(1) P. Gratry.

de Payen et de Perrier, où il exerça à Marseille les fonctions de précepteur pendant les vacances, laissa-t-il un souvenir impérissable.

Il est rare que de tels cœurs d'apôtres ne soient pas attirés par l'éclat de la couronne du martyre, ou que même, sans aspirer à un tel honneur, ils n'éprouvent pas l'ardent désir de porter au loin l'Évangile de la Croix et de lui ramener les peuples « assis à l'ombre de la mort (1) ».

Antoine Chevrier, si épris de l'amour des âmes, se crut appelé à la vie du missionnaire.

Il écrivit au supérieur des Missions Étrangères.

La réponse fut trouvée par Mᵐᵉ Chevrier qui ressentit une douloureuse surprise de la décision de son fils et lui fit d'amers et violents reproches.

Entre ce désespoir maternel et ce qu'il croyait la volonté de Dieu, le jeune séminariste luttait et souffrait profondément de cette indécision.

Cependant il était prêt à tous les sacrifices.

Mais Notre-Seigneur lui réservait un apostolat non moins semé de douleurs et non moins fructueux, où le martyre serait son pain quotidien.

Parce que le Maître « l'avait trouvé fidèle dans les petites choses, Il allait l'établir sur de plus grandes (2) ».

Son directeur, M. Denavit, mit fin à ses souffrances

(1) Ps. 106 — 10.
(2) Math. 25 — 21.

intimes en lui assurant que Dieu le voulait pour la France.

Toujours docile, l'abbé Chevrier se soumit et s'abandonna plus complètement entre les mains de Dieu.

Fils tendre et dévoué il alla jusqu'à se reprocher d'avoir inquiété ses parents, et humblement leur en demanda pardon.

Brusquement éclata la Révolution de 1848. Le séminaire fut licencié ; et, comme on craignait tout pendant ces jours d'agitation, l'abbé Chevrier, alors sacristain, pria sa courageuse mère de cacher les vases sacrés dans sa maison, ce qu'elle n'hésita pas à faire.

Bientôt les élèves purent reprendre le cours de leurs études, malgré l'occupation d'une partie du séminaire par une compagnie de gardes nationaux.

Très grand, d'une apparence robuste, l'abbé Chevrier avait une santé délicate, et ressentit pendant ces deux années les premières atteintes de la maladie.

Mais le grand jour approchait, le jour où, prosterné sur les dalles du sanctuaire, le jeune homme, brisant tous les derniers liens, reçoit avec l'onction sainte la plus haute puissance, la plus noble mission qui se puisse concevoir.

Antoine redouble d'ardeur, et dans sa retraite préparatoire, il laisse éclater les transports de sa foi :

« Mon Dieu, venez à mon aide ! Et puisse ce que

« vous m'inspirez pendant cette retraite m'inspirer
« une vie sainte en se réalisant ou me couvrir de
« honte si je suis infidèle.

« Me voilà sur le point d'être chargé des autres.
« Le salut des âmes me sera confié !

« Pourquoi, Seigneur, daignez-vous m'appeler à
« de si hautes fonctions ? Vous connaissez ma misère :
« mais j'espère en vous.

« Un prêtre c'est un autre Jésus-Christ ; ce doit
« être un homme d'obéissance, un homme qui sait
« s'oublier soi-même, qui sait tout sacrifier pour
« l'Evangile. En entrant dans le saint ministère, je
« dois me convaincre que :

« 1° Il y a du bien à faire quelque part que je sois
« et quelque dévoyés et méchants que soient les
« hommes que j'aurai à conduire. Ils sont tous ap-
« pelés au salut.

« Dire qu'il n'y a pas de bien à faire est une pa-
« role outrageante à Notre-Seigneur.

« Honte à ceux qui se relâchent sous ce prétexte.
« O mon Dieu, vous ne voulez pas la mort du pé-
« cheur, mais qu'il se convertisse et qu'il vive.

« 2° Comment peut-on faire le bien ?

« Par le sacrifice et le dévouement. »

Ces rapides et trop courts extraits de pages si
belles sur lesquelles on sent passer comme un souffle
d'en haut suffiront néanmoins à montrer comment
l'abbé Chevrier comprenait le ministère sacerdotal

qu'il allait faire resplendir sous l'auréole de sa sainteté.

Le 25 mai 1850, Antoine Chevrier était prêtre de la sainte Église catholique, apostolique et romaine.

Le jour de la sainte Trinité, pour la première fois et pénétré d'une vive émotion, il fit descendre entre ses mains consacrées le Dieu de sa première communion.

Le dernier pas était franchi.

L'abbé Chevrier n'appartenait plus qu'à Jésus, à l'Eglise et aux âmes.

CHAPITRE V

Le Vicaire. – Saint-André.

Quelques jours de repos au hameau de Chatanay, et M. l'abbé Chevrier commence enfin ce ministère actif qu'il appelait de tous ses vœux, et dont, avec une justesse lumineuse, il comprenait l'importance et la grandeur.

Il était nommé vicaire de la paroisse Saint-André à La Guillotière.

Certes le champ confié à son apostolat était vaste. Cette paroisse située dans un misérable quartier aux rues tortueuses, aux habitations délabrées et menacées des crues du Rhône — qui n'était pas encore endigué par les magnifiques quais que Lyon possède aujourd'hui — s'étendait sur une longueur de sept kilomètres.

Depuis quelques années une transformation complète s'opère rapidement dans cette partie de la ville. De larges avenues sont ouvertes, les masures disparaissent, la crainte des inondations n'est plus qu'un souvenir.

Le zèle des prêtres, le dévouement des fidèles ont

créé de nouvelles paroisses, des écoles, des hospices
que soutiennent seules les ressources de la charité.

Car la charité est d'une fécondité inépuisable, et
la ville de Lyon porte avec honneur et gloire son
titre de : *Ville des Œuvres*.

Mais au moment où le nouveau vicaire de Saint-
André allait entrer dans l'arène sainte, la situation
était loin d'être la même.

Qu'importait au jeune soldat du Christ ? N'est-ce
pas lui qui, révélant à son insu les beautés de son
âme, écrira un jour :

« Si quelqu'un doit travailler sur la terre, c'est sur-
« tout le prêtre, puisque son travail est si important
« pour lui et les autres ;

« Puisque sa mission vient de Dieu, et que, de
« son travail, dépendent la gloire de Dieu, le salut
« des âmes, le bonheur ou le malheur des hommes
« dans le temps et l'éternité.

« O prêtre ! combien ta responsabilité est grande
« et comme tu dois te consumer dans le travail pour
« Dieu et les âmes ! »

L'abbé Chevrier se mit à l'œuvre avec cette
promptitude réfléchie et calme qu'il apportait dans
toutes ses actions.

Ses journées étaient réglées avec la plus sévère
exactitude.

Dès 4 h. 1/2 du matin il se préparait par la prière
aux fatigues du ministère.

Sa vie privée fut digne en tous points du sacerdoce qui doit refléter comme dans un pur cristal les vertus de Jésus-Christ lui-même.

« Nous sommes — disait-il — le sel de la terre, « nous sommes la lumière du monde.

« Il faut que le prêtre soit une lampe qui brille de « tout son éclat. Nous devons montrer que nous ne « sommes pas du monde, que nous sommes ses maî- « tres, et marcher devant pour l'arrêter et le con- « duire. »

Cœur tendre et compatissant, le jeune vicaire se sentit attiré vers les petits, les humbles, les pauvres et les souffrants.

Pour tous ces déshérités il possédait des trésors de bonté, d'indulgence, de douce pitié.

Jamais on ne recourait à lui en vain.

Et quand il n'avait plus rien à donner, il se donnait lui-même sans compter, prodiguant son temps, sa personne, ses services, ne se lassant jamais et marquant tous ses pas d'un acte de charité.

« Plus un esprit est délicat, plus il découvre des « beautés originales ; plus une âme est ouverte à la « divine espérance, plus elle trouve dans autrui, « quelque souillé qu'il soit, des motifs d'amour (1). »

L'abbé Chevrier ne voyait qu'une chose : l'âme. Sous l'enveloppe la plus dégradée il apercevait cette âme rachetée par le sang de Jésus-Christ.

(1) Beaudelaire.

Il voulait l'atteindre, la ramener au bercail et pour cela il aurait joyeusement abandonné sa vie.

Que d'heures passées au chevet des malades ! Que de longues veilles près des agonisants ! Que de prières, de touchantes exhortations ; que de larmes aussi !

Et qu'y a-t-il de plus beau que les larmes de la Charité ?

« Car la Charité pleure ; elle pleure d'amour, elle pleure de désir, elle pleure avec ceux qui pleurent. »

Comme le jeune apôtre réalisait alors ces conseils admirables que bientôt il donnera à ses élèves, à ses enfants :

« Le prêtre ne rompra pas le roseau à demi brisé,
« mais il s'efforcera de relever les âmes qui allaient
« succomber sous le poids de l'infortune ou de l'ini-
« quité.

« Il n'éteindra pas la mèche qui fume encore, mais
« il rallumera dans les cœurs la petite étincelle d'a-
« mour qui y reste encore.

« Il accueillera tout le monde avec bonté et dou-
« ceur : les pauvres, les affligés, les importuns, les
« pécheurs, les enfants.

« Il ne rendra pas le mal pour le mal et ainsi il ga-
« gnera les âmes. »

Voilà le portrait le plus exact que l'on plus puisse tracer du vicaire de Saint-André.

Ah ! oui les pécheurs ! Avec quelle prédilection il les aimait, à l'exemple de son divin Maître qui a dit :

« Je ne suis pas venu chercher les justes, mais les pécheurs (1). »

Lui aussi il les cherchait, les appelait, leur donnant
le meilleur de son âme sacerdotale.

Sans nous lasser, écoutons-le encore : l'intime d'un
cœur ne se révèle-t-il pas par ses paroles ?

« Il faut aimer beaucoup les pécheurs, leur témoi-
« gner une grande bienveillance, user d'une immense
« miséricorde à leur égard, quelque coupables ou
« criminels qu'ils soient, absolument comme Notre-
« Seigneur qui ne dédaignait pas la société des pé-
« cheurs.

« Être large, patient. Ne pas les prendre par la
« tête, mais par le cœur. Surtout prier pour eux,
« faire pénitence pour eux.

« Les Saints avaient un grand pouvoir sur les pé-
« cheurs. Devenons des Saints ! »

D'après l'ensemble de la conduite de M. l'abbé
Chevrier il est facile de comprendre l'influence profonde qu'il prit bientôt dans la paroisse.

Le surnom « d'ange » ne tarda pas à lui être appli-
qué comme pendant son enfance.

Il édifiait par sa seule présence parce qu'il s'était
vraiment revêtu des livrées de Jésus-Christ.

Le curé, M. Barjot, sut connaître et apprécier les
qualités de son vicaire.

(1) S. Mathieu. IX — 13.

Bientôt, un souffle religieux et fertile s'étant répandu sur la paroisse, un second vicaire vint partager le fardeau de l'abbé Chevrier.

Ce fut M. Haour, qui a fondé la paroisse de Notre-Dame-des-Rivières, aujourd'hui Sainte-Marie-des-Anges.

Dans ce concert unanime d'éloges une seule voix fit entendre des récriminations. Ce fut celle de Mme Chevrier désolée de voir son fils se dépouiller pour autrui de tout ce qu'il possédait, voire même linge, vêtements, chaussures, et se faire volontairement le plus pauvre d'entre les pauvres.

Le jeune vicaire écoutait avec le plus grand respect les remontrances de sa mère.

Mais comment arrêter la Charité et lui dire : « Tu n'iras pas plus loin » ?

Toujours affectueux pour ses parents qu'il vénérait et aimait en fils dévoué, il allait souvent les visiter, éclairer de sa présence leur humble demeure, apporter à son père souffrant les délicates consolations que lui suggérait sa tendresse.

Le plus grand mal du temps c'est l'indifférence religieuse, et cette indifférence n'a en général qu'une seule cause : l'ignorance.

Combien d'âmes qui, généreusement dotées des dons de Dieu, aptes à le comprendre, à l'aimer, à le servir, vivent loin de son Église dans une langueur étrange, bercées des sophismes et des maximes du monde, engourdies dans une quiétude trompeuse, satisfaites de leur sort, et vont ainsi, dans le sommeil de l'oubli, jusqu'au jour terrible où la vérité éclatera brusquement à leurs yeux dessillés : trop tard.

Pour aimer Jésus-Christ il faut le comprendre ; pour le comprendre il faut le connaître.

Mieux que tout autre, l'abbé Chevrier sentait vivement le mal de l'ignorance.

Il aurait voulu aller à toutes ces âmes qui passent sans regarder et sans voir ; il aurait voulu les conjurer de se réveiller de leur torpeur ; de s'instruire des merveilleuses beautés de leur religion : beautés toujours anciennes et toujours nouvelles, beautés ineffables mais cachées qui ravissent le cœur en lui donnant Dieu.

Pour atteindre ce but, l'apôtre de la paroisse ne négligea rien.

La confession, la prédication furent ses deux grands moyens de lutte.

Et pourtant, les longues stations au confessionnal le fatiguaient beaucoup, et le ministère de la parole l'épuisait.

Qu'était-ce que cela au prix d'une seule âme ? On pouvait déjà lui appliquer ce qu'un de ses enfants dira de lui plus tard :

« Il était d'une simplicité tout évangélique soit
« dans ses catéchismes, soit dans ses instructions,
« bien qu'il s'élevât parfois à des hauteurs sublimes et

« qu'il atteignît la vraie et puissante éloquence qui
« remue les cœurs et convertit les âmes.

« Il parlait simplement, clairement, de l'abondance
« du cœur. »

D'ailleurs la parole suivante prononcée dans le
cours de sa vie montre comment il entendait la prédication :

« Parlons avec notre cœur ; annonçons le royaume
« de Dieu. Ne visons pas à l'effet ; le seul que nous
« devions désirer c'est la gloire de Dieu, le salut des
« âmes.

« Nous ne devons pas rougir de la simplicité de
« l'Evangile, ni anéantir la puissance de la Croix par
« les artifices d'une éloquence humaine.

« Prêcher c'est la grande mission du prêtre. Il
« doit prêcher avec fidélité et simplicité : prêcher
« Jésus-Christ. »

Que ne pouvait-on pas attendre d'un homme qui
résumera ainsi sa propre conduite ?

Plus on s'approche de Dieu, foyer divin de la
Charité, plus le cœur s'agrandit, se dilate pour ainsi
dire afin d'embrasser dans un même amour toutes les
souffrances de l'humanité, tous les besoins de la
société.

M. Chevrier avait une prédilection particulière
pour les enfants et la jeunesse. Les enfants ! Ces
petites âmes « dont les anges contemplent sans cesse
la face de Dieu » et que Notre-Seigneur aimait

tant : « Laissez venir à moi les petits enfants (1). »

Comprenant que l'avenir d'une nation dépend des enfants d'aujourd'hui qui seront les hommes de demain, le saint abbé mettait tout en œuvre pour en faire de vaillants chrétiens, capables de porter haut et ferme l'étendard de la Croix.

Ses patients efforts furent couronnés de succès. Bientôt il put établir la société de Saint-Louis de Gonzague qui produisit parmi les jeunes gens les plus heureux résultats.

Les forces humaines ont une limite.

Sous le poids sans cesse alourdi de ces travaux, la santé de M. Chevrier reçut une sérieuse atteinte et inspira de réelles inquiétudes. Mais lui allait toujours sans se soucier de rien.

Enfin, après une fatigue plus grave, Mme Chevrier finit par emmener son fils, et le soigna plusieurs mois comme seule sait soigner une mère.

A partir de cette époque, l'abbé Chevrier conserva une toux habituelle.

En 1856, le Rhône et la Saône, grossis par une terrible crue, rompirent leurs digues et envahirent les rives.

Ce furent de terribles journées. Les eaux montaient, entraînant dans leur courant rapide les pauvres demeures légèrement construites, ne laissant sur leur passage que ruine, misère, désolation.

(1) S. Marc, X — 14.

Alors on vit deux prêtres, les deux vicaires de Saint-André, exposer leur vie pendant trois jours entiers pour sauver les malheureux submergés, les transporter sur leur petite barque des maisons en pisé dans celles qui pouvaient résister au courant ; porter à tous des secours, des vivres ; consoler les habitants, relever les courages par l'exemple de leur infatigable dévouement.

Ils virent la mort de bien près, mais ils étaient prêts à la recevoir en souriant.

Même dans les moments les plus difficiles, l'abbé Chevrier ne perdit rien de sa sérénité habituelle.

Enfin l'eau se retira, la circulation redevint possible : la tâche du vicaire était terminée.

Alors éclata la reconnaissance publique.

Le nom de l'abbé Chevrier était sur toutes les lèvres, encore plus dans tous les cœurs.

La confiance, l'estime, l'affection l'environnaient comme d'une auréole. Jamais prêtre ne fut plus aimé.

Les feuilles publiques rendirent un hommage sincère au clergé de Saint-André ; M. Barjot, le vénérable curé, reçut de l'empereur Napoléon III le ruban de la Légion d'honneur.

Le ministre de l'Intérieur, M. Billaut, et le maire de Lyon, M. Combe, écrivirent aux vicaires pour les féliciter et les remercier.

Qu'étaient ces félicitations des hommes à côté des

graces sans nombre dont Dieu se plaisait à combler son fidèle serviteur ?

De jour en jour Notre-Seigneur unissait plus étroitement à lui l'âme de son prêtre et l'attirait vers une voie plus parfaite, une perfection plus haute : Il voulait un Saint.

L'abbé Chevrier entendait l'appel divin. Un attrait immense le poussait à l'amour et à la pratique de la pauvreté évangélique.

Il désirait faire un pas de plus à la suite de son Maître.

La nuit de Noël 1856, prosterné devant la crèche de l'Enfant Jésus il méditait la sublime parole : « Le Verbe s'est fait chair et il a habité parmi nous. »

Soudain une clarté subite illumine son intelligence y gravant en traits de feu la révélation du plus ineffable des mystères, lui dévoilant l'abîme des abaissements et des humiliations d'un Dieu !

L'abbé Chevrier comprend. Son cœur déjà si détaché s'enflamme de désir pour la pauvreté que Jésus a aimée et choisie.

N'est-ce pas alors qu'il eût pu dire cette parole d'amour qui s'échappera un jour de son âme :

« O sainte crèche de mon Jésus, anéanti près de
« toi j'oublie tout le reste ; près de toi je n'aime que
« la petitesse, la pauvreté et l'humiliation. Je ne veux,
« je ne cherche, je n'attends plus que le trésor de la
« grâce et les richesses du ciel. »

N'essayons pas de pénétrer le secret de cette nuit bénie qui imprima à l'abbé Chevrier la direction définitive de sa vie et dota l'Église de France d'un nouveau Saint.

M. Chevrier voulut entrer de suite dans le chemin de la pauvreté et du renoncement absolu.

Un à un il fit disparaître les modestes meubles de sa chambre. Trouvant que son bureau était trop élégant il résolut de le « troquer » contre une table en bois blanc.

Mais son curé prévenu lui défendit de ne plus rien changer à ce mobilier déjà si simple : le vicaire obéit.

Dieu alors lui envoya un précieux encouragement. Ayant fait un petit voyage à Ars, il ouvrit toute grande son âme au saint prêtre qui lui aussi avait choisi la voie étroite des conseils évangéliques, et qui confirma M. Chevrier dans sa résolution, lui promettant une « abondante moisson d'âmes ».

Ces deux cœurs si bien faits pour se comprendre et s'aimer se vouèrent une profonde affection.

Le moment était arrivé où, suivant l'inspiration divine et les conseils de M. Vianney, l'abbé Chevrier allait quitter le premier champ de son apostolat pour aller défricher une terre inculte et aride qui, arrosée de ses sueurs et de ses larmes, germerait des élus pour l'Eternité.

CHAPITRE VI

Cité de l'Enfant-Jésus. — MM. Rambaud et Du Bourg. — M. Chevrier, aumônier. — Fondation de l'Œuvre des Catéchismes.

En considérant attentivement la vie de la Charité dans l'Église catholique, les formes multiples qu'elle revêt pour s'incliner avec tendresse sur toutes les misères et guérir toutes les douleurs, l'admiration vous saisit.

On comprend que dans ces Œuvres il n'y a pas l'empreinte de l'homme *seul,* mais de l'homme avec Dieu.

Lorsqu'on voit des jeunes gens, devant qui l'avenir s'ouvre sous les plus brillants aspects, se séparer de tout, dans l'épanouissement de la jeunesse et de la vie, se faire les égaux des pauvres et, joyeux, devenir les serviteurs des malheureux, que dire ? Sinon reconnaître sincèrement que la philanthropie sans le christianisme n'est qu'un pâle reflet, et comme une copie effacée ou morte de la Charité évangélique.

Pendant que M. Chevrier se dévouait à Saint-André, deux hommes, deux amis employaient activement leur fortune et les forces vives de leurs cœurs à bâtir, pour les enfants abandonnés, un vaste asile appelé : « La Cité de l'Enfant-Jésus. »

Après les inondations de 1856, les fondateurs recueillirent les malheureux dont les eaux avaient emporté les demeures.

La transformation s'opérant peu à peu, la Cité devint le refuge des ménages pauvres, âgés, qui se groupent autour de la vaste chapelle afin d'achever leur pèlerinage à l'ombre de la Croix, et de mourir dans les bras de la religion.

Touchante pensée !

Nulle condition n'est oubliée par les Saints.

Tandis que les uns se penchent vers l'enfance pour l'élever, les autres soutiennent les pas défaillants de la vieillesse pour la sanctifier.

Ayant le bonheur de posséder encore le vénérable abbé Rambaud, nous laisserons dans l'ombre sa noble figure afin de ne pas troubler le calme rayonnant de sa modestie.

Sa vie est un exemple ; et ses yeux, perdus dans une éternelle nuit, semblent prêcher la résignation.

Mais il y a quelques mois à peine que le cercueil se fermait sur son ami et collaborateur M. l'abbé Du Bourg.

Comment retenir l'expression des regrets de toute une ville ?

Comment ne pas parler des larmes des miséreux qui racontaient, et très haut, la vie de bonté, de dévouement, d'amour qui fut celle de cet homme de bien ?

Comment taire une grande leçon d'humanité donnée avec tant de douceur souriante et d'humilité ?

Qu'on nous pardonne cette légère digression.

D'ailleurs M. Chevrier et M. Du Bourg se connurent et s'aimèrent.

N'étaient-ils pas tous deux les athlètes de la lutte du bien contre le mal ?

Nous avons dit que, pendant les dernières années de son vicariat, M. Chevrier se sentait de plus en plus attiré vers la pratique des conseils évangéliques, et vers l'éducation des pauvres enfants voués à l'ignorance et par là même au vice.

Il voulait faire plus et mieux.

Ce que nous appelons le « hasard » et qui n'est autre chose qu'une *volonté de la Providence* amena l'abbé Chevrier à visiter la Cité de l'Enfant-Jésus dont le but principal était encore l'éducation des enfants pauvres.

Il fut profondément édifié et conçut le vif désir de se joindre à M. Rambaud qui n'était que laïque.

Précisément les Pères Capucins pouvant difficilement continuer à remplir les fonctions d'aumônier, la Cité se trouvait menacée d'être sans direction spirituelle.

On offrit à M. Chevrier de prendre cette charge. Sans hésiter il accepta.

En vain le curé et la paroisse Saint-André entière unirent-ils leurs efforts pour retenir ce vicaire si estimé, si aimé : tout fut inutile.

Au mois d'août 1857, l'abbé Chevrier quittait son premier poste pour aller se préparer, pendant quatre ans et sans le savoir, à la mission de fondateur que Dieu lui réservait.

Avec un courage héroïque, il commença l'apprentissage des plus hautes vertus, apprentissage dans lequel il était déjà passé maître, et qui pourra étonner les cœurs faibles ou pusillanimes.

Le saint prêtre savait que pour faire pénétrer jusqu'aux âmes Jésus-Christ, son Évangile, sa morale, il faut en être soi-même une copie vivante ; et que plus on est *donné à Dieu* par l'immolation, plus on *donne Dieu* au monde.

Certes il ne faudrait pas croire, ce qui d'ailleurs est une erreur fort commune, que ces âmes d'élite n'ont ni luttes, ni difficultés, ni tentations ; que la sainteté est une fleur s'épanouissant par sa propre force sans obstacles et sans peine. Non.

Les Saints sont ce que nous sommes : des êtres pétris de boue, formés du même limon, sortis de la source unique viciée par le péché.

Mais ces êtres ont regardé la vie et la mort ; le temps qui s'enfuit, l'éternité qui demeure ; la honte du mal, la splendeur du bien, et surtout la page divine écrite de la main d'un Dieu, Dieu lui-même : Jésus-Christ.

Devant la Crèche et le Calvaire, ils ont compris, ils ont aimé !

Méprisant leurs désirs terrestres, portant le glaive jusqu'au plus intime de leur nature rebelle, ils se sont élancés sur cette longue route douloureuse dont les stations sont marquées par le sang et les larmes.

« Se dompter soi-même c'est le secret de la force.
« Se dompter d'abord, puis se dévouer c'est le fond
« des grands caractères comme des institutions so-
« lides (1). »

Tel était l'aumônier de la Cité.

Pour chambre, une cellule mal close où l'on souffrait du froid.

Pour lit : une planche et une paillasse recouverte d'une couverture grise.

Comme bureau : une planche non rabotée.

C'était bien cette fois la vraie pauvreté, cette pauvreté dont il a parlé en des termes qui sont de la grande éloquence :

« Honneur à la pauvreté ! Quelle liberté, quelle
« puissance donne au prêtre cette belle pauvreté de
« Jésus-Christ. Quelle force il acquiert pour lutter
« contre le monde.

« O pauvreté, que tu es belle ! Jésus – Christ t'a

---

(1) Montalembert — *Moines d'Occident.*

« trouvée si belle qu'il a voulu t'épouser en descen-
« dant du Ciel, qu'il a fait de toi la compagne de sa
« vie, et qu'il a voulu mourir avec toi sur la Croix.

« A côté de ce monde sensuel un homme qui mé-
« prise les biens de la terre, qui dit au monde :
« Garde ton or et ton argent, mon trésor est dans le
« ciel ; ma vie c'est Jésus-Christ », qui ne travaille que
« pour Dieu, qui s'abandonne entre les mains de la
« Providence — qu'un tel homme est grand et su-
« blime. Comme le monde doit admirer en lui la
« puissance de la foi et de l'amour. »

Le monde l'admirait en effet, et on accourait près
de celui que l'on ne nommait plus que le Père Chevrier. Désormais ce titre lui restera, et de quelle
auréole de majesté et de bonté ce nom si doux sera
entouré.

Père ? M. Chevrier l'était dans ses catéchismes,
la grande œuvre de son existence sacerdotale ; dans
la chaire sacrée où toutes les paroles qui tombaient
de ses lèvres étaient lumière et simplicité.

Père ? Il l'était encore au confessionnal assailli par
ses anciens pénitents, par les nombreuses âmes qu'il
allait chercher dans l'abîme de leur misère, et auxquelles il rendait l'innocence avec le pardon.

Il l'était toujours et si particulièrement pour les
jeunes gens qu'il savait attirer et retenir dans le
chemin du devoir.

Père ? Il l'était pour tous, avec tous.

Quelques traits caractériseront l'apostolat de l'aumônier de la Charité.

Il ne pouvait rien refuser à qui lui demandait.

L'histoire de son manteau est devenue légendaire.

Quand il ne possédait plus une obole, il donnait son vêtement qui bientôt se trouvait installé au Mont-de-Piété. Une personne charitable le retirait et le rendait à son propriétaire légitime.

Quelques jours après l'objet était reparti pour la même destination.

Et si le manteau surnommé « de saint Martin » était en route, et qu'un malheureux vînt implorer la compassion du généreux abbé, il donnait sa montre pour qu'elle partageât le même sort.

Il n'était pas jusqu'à ses chaussures dont il se dépouillait pour « plus pauvre que lui ».

Le P. Chevrier voyant Notre-Seigneur dans tous les malheureux, ne pouvait en laisser un seul sans asile. Il les amenait à la Cité, pour passer la nuit tant bien que mal.

Il arriva qu'un jeune homme ainsi hébergé le dévalisa complètement.

On aurait pu facilement dénoncer le voleur : le pieux abbé ne voulut pas y consentir. « Les exemples de douceur, de détachement, de générosité, dit-il, touchent plus que la poursuite et la sévérité. Pour nous qui visons à la perfection ne contestons pas, ne disputons pas : la douceur est l'aimant qui attire les cœurs. »

Son ministère de prédilection était, nous l'avons dit : le catéchisme à la jeunesse, il l'aimait tant, cette jeunesse qu'il voulait régénérer.

Il eut la joie de la mener un jour à Ars pour la faire bénir par le saint curé qui l'appelait lui-même « mon fils bien-aimé ». Cette bénédiction devait porter ses fruits en donnant à l'Œuvre des Catéchismes une vigueur nouvelle.

Au milieu de ces multiples travaux, le P. Chevrier avait besoin de retremper de loin en loin son âme dans la solitude de la prière. Il aimait à faire ses retraites dans quelques monastères comme la Grande Chartreuse, Aiguebelle, Maulec ou bien simplement à Chatanay, le berceau de sa mère.

Les lettres écrites pendant ces jours de recueillement sont le reflet de ce cœur délicat et aimant, pénétré d'humilité et de divine charité.

De ces retraites il rapportait un redoublement de ferveur et de zèle.

Suivant les conseils du P. Chevrier, M. Rambaud reçut en 1858 les ordres sacrés.

Désirant faire affilier la Cité de l'Enfant-Jésus au Tiers-Ordre de Saint-François, il partit pour Rome avec le P. Chevrier.

Nous parlerons plus tard des sentiments qui animaient l'aumônier pour la Ville Éternelle et surtout pour le Souverain Pontife.

L'heure va sonner où la seconde étape de la carrière apostolique de l'abbé Chevrier va prendre fin.

Le but de la Cité se transforme ; et le P. Chevrier donné à l'Œuvre des Catéchismes, de la première Communion des enfants, par lesquels il veut sauver le monde, se retire et entre définitivement dans la voie où Dieu l'appelle depuis tant d'années.

Il y avait alors à la Cité deux jeunes filles qui venaient faire le catéchisme, et le si zélé M. Louat connu sous le nom de « frère Pierre ». Tous trois encourageaient vivement le modeste et doux abbé à se livrer sans réserve à l'attrait de son cœur.

Toujours défiant de lui-même, un peu timide, il hésitait. Enfin le F. Pierre finit par le décider à louer une misérable baraque de deux pièces rue Creuzet sur la paroisse Saint-Louis.

C'était le petit grain de sénevé qui, semé dans l'humilité, germera dans la souffrance, et deviendra le grand arbre dont parle l'Évangile.

« Les premiers ouvrages des Saints ont une virgi-
« nité qui touche le cœur de Dieu, et Celui qui
« protège le brin d'herbe contre la tempête veille au
« berceau des grandes choses (1). »

Dieu veillait en effet.

(1) P. Lacordaire, *Vie de saint Dominique*.

Un petit abandonné qui dévorait des écorces de melon ramassées dans les balayures de la rue fut le premier appelé de toute la famille.

C'était un simple d'esprit pour lequel le P. Chevrier eut des trésors d'indulgente bonté, et qui n'a pas quitté l'Œuvre. Pierre Pacalet est bien connu au Prado ainsi que les hauts faits de sa pauvre intelligence.

Bientôt dans la « baraque » il y eut douze enfants ou jeunes gens n'ayant point ou presque pas entendu parler du Bon Dieu.

L'exiguïté du logis n'effrayait personne ; on se serrait un peu plus, voilà tout.

L'infatigab'e F. Pierre pourvoyait, avec l'aide de la Providence, aux besoins de la petite colonie, et tout en donnant le pain matériel à ces êtres privés d'appui, il leur distribuait le pain de l'âme en faisant avec eux le signe de la Croix. Peu à peu les secours arrivèrent, modestes, mais suffisants.

En même temps, le P. Chevrier n'oubliait pas les petites filles. Leur installation précéda même celle des garçons.

Ce fut à Fourvière, à côté de la petite chapelle, sur l'emplacement de la basilique actuelle, que fut placé le vrai berceau de l'œuvre du Prado.

Le regard de la Vierge Immaculée l'avait bénie à son aurore, comment aurait-elle pu ne pas avoir un éclatant midi !

Basilique de Fourvière.

Il y avait à cet endroit une maison destinée à une œuvre de protestantes converties. Cette généreuse pensée n'ayant pas eu de suite, Mlle de Roquefort demanda les petites filles du P. Chevrier.

Les deux jeunes filles de la Cité en devinrent directrices et furent ainsi les premières religieuses du Prado.

La Charité est une tradition pour les familles lyonnaises, aussi, à peine connue, l'Œuvre du P. Chevrier eut de précieux auxiliaires parmi quelques généreuses dames de la ville.

Quant au saint prêtre, tout en continuant dans une certaine mesure son ministère à la Cité, il se partageait entre ses deux maisons et se livrait à sa mission favorite : le catéchisme des ignorants.

Avec une pénétrante lucidité il analysait le mal dont se meurt la société actuelle, et voulait lui ouvrir la source de la résurrection et de la vie.

« Il faut amener la foi dans les âmes, là seulement
« est le salut pour la société comme pour les indivi-
« dus.

« Nous devons consacrer notre vie à cette grande
« mission : évangéliser, catéchiser.

« Je ne demande au Bon Dieu qu'une chose : qu'Il
« m'apprenne à bien faire mon catéchisme.

« Catéchiser les pauvres c'est la plus belle de tou-
« tes les vocations, la plus digne d'envie.

« C'est aujourd'hui la grande mission du prêtre.

« Il faudrait aller partout, parler simplement,
« revenir aux premières instructions, apprendre aux
« hommes à connaître, aimer et servir Dieu. »

Te!s étaient les désirs du P. Chevrier. Le catéchisme avait à ses yeux une importance capitale. N'est-ce pas la base de l'édifice chrétien ?

Aussi voulons-nous insister sur ce point qui fut, avec l'Œuvre sacerdotale, l'inspirateur de sa vie.

Déjà au séminaire M. Chevrier écrivait :

« Le catéchisme est une œuvre excellente.

« Là on enseigne la grande science de Dieu.

« Or, cette science est la plus essentielle à étu-
« dier puisque ce n'est que par elle que nous pour-
« rons entrer au ciel.

« Un petit enfant armé du catéchisme en sait plus
« que les grands esprits perdus dans un travail inu-
« tile. »

Plus tard, lorsque ayant pu réaliser l'idée première de son cœur en créant des prêtres selon l'idéal qu'il avait conçu du sacerdoce, il leur donnera des conseils, le catéchisme sera placé avant tout. Il leur dira :

« Puisse le Seigneur faire de vous des saints pour
« catéchiser le monde.

« Ayez bon courage : les pauvres, les pécheurs, les
« ignorants sont notre partage et notre lot n'est pas
« le moindre.

« Le catéchisme n'a pas moins d'importance que
« la prédication : c'est l'instruction simple.

Place Bellecour et colline de Fourvière.

« Il faut se mettre à la portée de tous et instruire par la parole : *Fides ex auditu*.

« Le but de tout catéchisme c'est d'éclairer l'intel-
« ligence par le cœur, de toucher le cœur par l'a-
« mour afin de déterminer la volonté à agir.

« La Foi, l'Amour, l'Action : voilà les trois effets
« qu'il faut chercher à produire.

« Donner la Foi par la connaissance, le raisonne—
« ment, la vue des choses.

« Faire naître l'Amour pour la vérité que l'on en-
« seigne.

« Enfin encourager à faire des actions en rapport
« avec la vérité connue et aimée.

« Pour arriver à ces trois effets il faut prendre
« tous les moyens possibles et comme dit saint Paul :
« Il faut enfanter les âmes à Jésus-Christ » se faire
« père, et donner sa vie par l'étendue de son dé—
« vouement. »

Où peut-on trouver une plus admirable définition du catéchisme ?

Les saints écrivent, parlent avec leur cœur, et c'est dans celui de Dieu même qu'ils puisent leur génie et leur sublimité.

En 1860, un an après la mort du curé d'Ars, le P. Chevrier conduisit ses enfants sur le tombeau de son saint ami.

Après une fervente retraite et des jours pleins de joie douce et sereine on revint à la tâche.

Mais les deux maisons du P. Chevrier situées dans des quartiers si éloignés — l'une sur la colline de Fourvière, l'autre sur la rive gauche du Rhône — ne pouvaient subsister ainsi.

Il était urgent de les rapprocher, et, quoique séparées, de les grouper sous la direction de leur Père.

Deux prêtres remplis de l'esprit apostolique, MM. Boulachon et Roland, triomphèrent encore une fois de l'humilité du fondateur.

Il fut convenu que l'œuvre naissante se fixerait au centre de La Guillotière où le champ à cultiver était vaste.

La Providence du Prado allait éclore.

CHAPITRE VII

Naissance du Prado. — Premiers bienfaiteurs. — Le Mendiant à la Chapelle de la « Charité ».

Il fallait donc à tout prix trouver une demeure pour abriter les pauvres brebis réfugiées près du P. Chevrier, pour en augmenter le nombre et asseoir définitivement l'Œuvre qui commençait à naître.

Le P. Chevrier priait.

Or, comme l'a si admirablement dit le P. Lacordaire :

« La prière est la reine du monde. Couverte d'hum« bles haillons, le front baissé, la main tendue, elle
« protège l'univers de sa majesté suppliante ; elle va
« sans cesse du cœur du faible au cœur du fort, et
« plus sa plainte s'élève de bas, plus le trône où elle
« arrive est grand, plus son empire est assuré.

« Et comme rien n'est plus haut que Dieu, nulle
« prière n'est plus victorieuse que celle qui mène
« vers lui. »

Dieu avait entendu celle de son prêtre : et que ses desseins sont admirables.

D'un lieu de perdition et de crime, il allait faire une maison de vertu et de charité. D'un temple du démon, un asile de relèvement moral, de conversions touchantes, et son propre sanctuaire.

En effet. Dans un coin des plus misérables de La Guillotière, on voyait un bâtiment connu sous le nom de « Prado ».

Il n'y avait qu'une immense salle à laquelle étaient adjointes deux petites chambres.

C'est là que, chaque soir, la lie du peuple venait danser, boire et se livrer aux plus honteux désordres.

Des rixes fréquentes s'y produisaient à la suite d'énergiques libations.

Plusieurs fois on avait sollicité la suppression de cet odieux établissement, mais sans succès.

Plus que tout autre le P. Chevrier gémissait de cet état de choses. Que de fois il avait dit à Dieu : « Seigneur, donnez-moi cette maison et je vous donnerai des âmes. »

N'était-ce pas son unique désir ?

Et voilà qu'un jour le Prado fut à vendre ou à louer !

Alors les difficultés apparurent dans toute leur netteté. Où trouver l'argent nécessaire pour un loyer si cher ? Le saint prêtre ne possédait *rien*.

Cependant il était plus riche que tous les riches de la terre, car il avait la foi et la confiance, ces deux clefs divines qui nous ouvrent les trésors inépuisables du Cœur de notre Dieu, et renouvellent la face du monde en y jetant à pleines mains les prodiges de sa bonté.

M. l'abbé Roland versa le montant de la première année de bail et s'engagea pour les neuf suivantes. Puis, l'autorisation de S. E. le cardinal de Bonald et celle du curé de Saint-Louis, M. Noailly, étant obtenues, la signature définitive fut donnée le 10 décembre 1860.

Le bon Père éprouva une vive émotion.

« Il me sembla, disait-il plus tard, qu'une lourde « croix était déposée sur mes épaules, et que l'on me « conduisait au Calvaire. »

Croix pesante, en effet, mais qui devait sauver tant d'âmes et se transformer en auréole de sainteté et de gloire.

Immédiatement on commença les réparations nécessaires. La salle du bal fut purifiée ; en moins de deux mois la chapelle était prête à recevoir son Hôte divin.

Des hommes d'intelligence et de cœur s'étaient faits les premiers apôtres de l'Œuvre naissante, et grâce au zèle d'âmes généreuses, la transformation du Prado fut rapide.

Dieu seul a le secret des prières ardentes, des pénitences héroïques par lesquelles le P. Chevrier obtint que ce lieu de perdition et de scandale devînt un temple trois fois saint.

Enfin le lundi de Pâques 1861 eut lieu l'inauguration de la chapelle : le Prado était pour toujours à Jésus-Christ.

N'essayons pas de pénétrer l'intensité des sentiments qui animèrent le P. Chevrier en ce jour béni, lorsqu'il se vit prosterné devant l'autel, entre ces humbles murs autrefois témoins du crime et qui n'entendront plus que les louanges de Dieu ; quand il se sentit entouré de ces généreux bienfaiteurs qui l'avaient compris, aidé, et que vraiment il fut institué le père des pauvres et des petits.

Le silence est parfois plus éloquent que la parole.

Maintenant le champ est ouvert : la moisson appelle l'ouvrier.

Avec quelle joie le P. Chevrier va se donner à cet apostolat qui fera de sa vie un long tissu de souffrances, d'humiliations, de pauvreté, qui la consumera au service des âmes.

Ses chers enfants ! Il va donc pouvoir les loger, les instruire, en faire des chrétiens ?

On installe les petites filles à droite de la chapelle ; les petits garçons à gauche.

Le bon Père possédait ce qu'il avait tant désiré : la perfection de la pauvreté.

Rien ne peut donner une idée du dénuement du Prado à ses débuts, et même, comme nous l'avons dit, à l'heure actuelle.

C'était, dans la plus large acception que l'on puisse donner à ces mots, la maison des pauvres.

Pauvre le fondateur, pauvres les enfants qu'on recevait, pauvres ceux qui venaient chercher secours, force et consolation ; pauvres aussi ceux qui donnaient.

Les premières offrandes que Jésus reçut dans sa crèche furent les humbles dons des bergers.

Le Prado eut pour premiers bienfaiteurs des ouvriers, des ouvrières qui gagnaient leur pain à la sueur de leur front.

Certes les familles lyonnaises se montrèrent grandes et généreuses comme elles le sont toujours, et le P. Chevrier avait écrit leurs noms dans son cœur. Car il possédait au plus haut degré cette fragile vertu de la reconnaissance qui ne se rencontre que dans les âmes d'élite.

Mais si la charité du riche est belle et méritoire, combien plus encore celle du pauvre et du besogneux ? Lui, pour donner il se prive du nécessaire, et sa modeste obole est souvent le fruit de ses fatigues, de ses veilles, quand elle ne l'est pas de ses larmes.

On comprendra pourquoi nous passons sous silence les noms des riches donateurs qui furent les infatigables auxiliaires du P. Chevrier.

Pour les privilégiés de la fortune, donner est un devoir. Ils sont les « intendants » de Dieu.

Oh ! oui, donnez ; donnez encore, à pleines mains,

toujours. Relevez les courages abattus, séchez les larmes de la misère, élevez les orphelins, assistez les vieillards, faites sourire ceux qui souffrent.

Une pièce d'or pour vous, peut-être c'est peu de chose: le sacrifice d'une inutilité, d'une bagatelle, d'un rien... pour d'autres, c'est le salut !

Combien sont touchants les nombreux traits de générosité des pauvres pour le Prado.

Ici, c'est une ouvrière qui prend sur son repos pour faire quelques mètres d'ouvrage en surplus dont le prix est destiné au Prado.

Là, un brave verrier qui passe ses nuits à confectionner un petit lustre en cristal pour la chapelle.

Voici une simple journalière qui sacrifie toutes ses économies.

D'autres ne pouvant rien donner par elles-mêmes se font quêteuses.

Et combien de largesses qui ont voulu rester ignorées.

Que de fois à bout de ressources, obligé de faire face à des dépenses urgentes, le bon Père, après avoir offert à Jésus ses prières, ses larmes, ses souffrances, a trouvé soit à la sacristie, soit par une rencontre fortuite la somme nécessaire.

Que de fois aussi il a pleuré de reconnaissance et d'attendrissement.

Dieu récompensait visiblement l'immense et absolue confiance que son serviteur avait en Lui, et que beaucoup sans doute appelleraient témérité. Celui qui s'appuie sur l'homme peut être déçu en son attente : Dieu ne trompe pas ; Il est justice, amour, vérité. « Ceux qui espèrent en lui ne seront jamais confondus. *In te Domine speravi, non confundar in æternum.* »

La vie du P. Chevrier est remplie de ces faits bénis et providentiels qui font rayonner, aux yeux même des plus sceptiques, la bonté du Maître de l'univers et la vertu de son serviteur.

Le saint fondateur pourra dire : « Le nécessaire ne nous a jamais manqué. »

Cependant il y eut des heures d'angoisse, des jours de détresse. Il semblait que tout espoir était perdu, et que l'on n'aurait plus qu'abandon et misère.

Dieu était là. Il veillait sur son œuvre.

S'Il lui donnait dans une large mesure les épreuves qui sont le cachet des institutions durables, Il lui envoyait, à l'heure voulue, le secours et la consolation.

Ainsi, jour par jour, heure par heure, la main dans la main de la Providence, le P. Chevrier a traversé la vie, laissant après lui deux œuvres sublimes qu'il a fondées sur la pauvreté et la confiance en Dieu.

Néanmoins la petite famille du Prado s'augmentait chaque jour. Il fallait la nourrir et certes l'appétit ne faisait jamais défaut.

Comment trouver l'argent nécessaire ?

Le P. Chevrier, l'homme de la pauvreté et de la

simplicité évangélique, avait sur les moyens que l'on emploie journellement pour se procurer des ressources, des idées très différentes et que quelques personnes peut-être ne comprendront pas.

Laissons-le parler lui-même, nous dévoiler l'élévation de ses pensées et la grandeur de cet esprit surnaturel qui l'animait à un si haut degré.

« Notre-Seigneur veut que nous bannissions de « notre cœur toute inquiétude de l'avenir. Nous « sommes ses enfants, ses serviteurs, il aura soin de « nous.

« Si nous n'avons pas tout ce qu'il nous faut, « qu'importe ! Notre-Seigneur avait-il ce qu'il fallait « quand il est venu sur la terre ?

« S'il y a à souffrir, tant mieux : l'œuvre de Dieu « n'en sera que plus solide.

« On attire infiniment plus d'âmes à Dieu par la « pauvreté et la souffrance que par le bien-être.

« Les fidèles seront mieux disposés à nous donner « quand ils nous verront pauvres et souffrants.

« Toute œuvre de Dieu doit porter le cachet de la « pauvreté et de la souffrance.

« Les quêtes à domicile entraînent de grands « inconvénients. Les gens du monde sont fatigués « de voir continuellement à leur porte des quêteurs.

« On ne leur donne qu'à regret.

« Ce ne sont ni l'or, ni l'argent qui font les œuvres « de Dieu ; ce sont les hommes généreux, dévoués,

« qui savent souffrir et qui sont animés de l'esprit
« divin.

« Quand on fait le bien spirituel, le temporel vient
« toujours : Dieu l'a promis.

« Proposons-nous donc de faire passer les œuvres
« de Dieu avant tout ; de ne point solliciter les gens
« du monde à nous donner quoi que ce soit ; de ne
« pas employer ces moyens humains en usage pour
« avoir de l'argent : loteries, concerts, soirées, réu—
« nions, etc., etc.

« Prions beaucoup. Demandons le pain de chaque
« jour avec confiance ; il ne nous manquera jamais
« si nous faisons bien l'œuvre du bon Dieu.

« Occupons-nous sérieusement de notre travail
« d'évangéliser, de catéchiser les pauvres, d'instruire
« les ignorants, de recevoir les pécheurs, de conso-
« ler ceux qui souffrent : voilà notre mission.

« Si nous donnons bien la vie spirituelle aux âmes,
« la Providence nous donnera la vie matérielle.

« Cherchez d'abord le royaume de Dieu et sa jus—
« tice, et le reste vous sera donné par surcroît. »

Voilà la règle de conduite du vénéré Père.

Il ne faudrait cependant pas croire que ces
paroles soient un blâme. Non. Trop humble pour
juger les actions d'autrui, trop charitable pour en
dire autre chose que du bien, il faisait simplement,
loyalement, ce que sa conscience lui dictait, ce qu'il
savait être pour lui et les siens la volonté de Dieu.

Au milieu de ce siècle où l'amour du luxe, la soif de l'or, le désir des richesses saisissent les cœurs, Dieu a placé deux hommes qui semblent presque ne pas appartenir au monde, tant ils s'élèvent au-dessus de lui par le mépris des biens terrestres, le détachement de toutes choses, l'abandon des moyens humains pour parvenir à leur but, la passion de la pauvreté souffrante et une confiance incommensurable en Dieu seul.

Ils se nomment le curé d'Ars et le P. Chevrier.

D'autres ont marché et marcheront sur leurs traces. Leurs noms brilleront un jour dans les glorieuses annales de l'Eglise catholique.

Mais ce que le P. Chevrier savait aussi, c'est que, tout en plaçant sa confiance en la divine Providence, il faut concourir à son action.

Le pain manquait au Prado : c'est le père qui doit le fournir à ses enfants.

Or l'abbé Chevrier était père jusqu'au fond de l'âme ; père de cette paternité spirituelle et morale qui enfante des âmes à Jésus-Christ.

Sa décision fut bientôt prise.

Un vendredi, les fidèles qui entraient à la chapelle de l'Hospice de la Charité — située place Bellecour — furent profondément surpris et touchés de voir un prêtre à deux genoux sur la pierre, les yeux baissés, leur présenter une humble bourse.

C'était le P. Chevrier qui demandait l'aumône pour ses enfants.

Quel exemple d'humilité !

Dorénavant il y eut du pain au Prado, mais nul ne sut jamais ce qu'il avait coûté au père de famille.

Deux fois M. Chevrier se rendit à la Charité et revint sans avoir pu arriver à tendre la main.

La troisième fois le sacrifice fut accompli, et chaque semaine le Père retourna à son poste.

Que d'humiliations il eut à subir ! Que d'épithètes blessantes, que de mots déplacés, de railleries, de quolibets et même d'injures !

Par quelles souffrances il fallait obtenir quelques pièces de monnaie.

Le P. Chevrier supportait tout cela avec une inaltérable sérénité, domptant énergiquement les impressions premières de la nature pour ne laisser dominer que la vertu conquise par une longue série d'héroïques efforts.

« Le 1er janvier 1869 — raconte un de ses enfants « — le temps était rigoureux. J'aperçus le Père qui « revenait de la Charité. Il paraissait transi de froid « et si abattu. « Mon Père, lui dis-je, vous a-t-on « donné de bonnes étrennes aujourd'hui ?

« — Non, mon pauvre enfant, me répondit-il avec un « sourire de résignation, je l'espérais, mais il paraît « que nous n'avons pas assez prié. Je ne rapporte « que 4 fr. 50. Et cependant j'ai eu bien froid... »

J'ai eu bien froid ! Qu'était la souffrance pour celui qui disait : « Ma vie c'est Jésus-Christ. Qu'importe

« le reste ? Que le monde pense ce qu'il voudra, qu'il
« me regarde comme un fou... Je suis à Jésus-Christ,
« je marche sur ses traces : le reste n'est rien ».

A deux reprises différentes le bon Père fut conduit
au poste par des agents sous prétexte que la loi in-
terdit la mendicité. A son nom il était vite remis en
liberté (1).

Les prêtres du Prado, qui ont gardé fidèlement les
traditions de leur fondateur, vont ainsi chaque semaine demander humblement l'aumône pour les enfants par eux recueillis.

(1) Voir sa Vie, par M. Villefranche. Chap. IX, page 127.

CHAPITRE VIII

Les premières communions. — Influence du P. Chevrier sur le peuple. — Causes de cette influence.

Au milieu des lourdes préoccupations, des soucis nombreux qui accompagnent la création d'une Œuvre, le P. Chevrier se donnait avant tout à la préparation des enfants pour leur première communion.

Dans ces âmes souillées ou flétries il cherchait à faire pénétrer l'horreur du mal, l'intelligence du devoir, de la vertu, l'amour de Dieu. Tâche difficile et parfois ingrate.

Le Père n'épargnait rien pour gagner ces cœurs à Jésus-Christ, et l'humble chapelle du Prado était témoin des merveilles de la grâce.

Donner Dieu aux âmes, donner des âmes à Dieu : le P. Chevrier ne cherchait, ne voulait, ne désirait que cela.

Aussi quelle joie profonde dut-il éprouver le jour où, pour la première fois, plus de trente enfants arrachés aux bas-fonds du vice, de l'ignorance, régénérés par l'absolution, vinrent s'agenouiller devant la pauvre barrière de bois et recevoir Jésus-Eucharistie.

Comme en cet instant solennel les souffrances et les larmes disparurent pour ne laisser rayonner que l'incomparable bonheur d'avoir préparé au Souverain Maître de nouveaux sanctuaires édifiés sur les ruines du péché par la prière et le sacrifice.

Le grand désir de ce grand cœur de prêtre était réalisé : l'Œuvre du Prado était fondée.

Ayant parlé déjà longuement des premières communions, nous ne nous étendrons pas davantage sur ce sujet pourtant intarissable.

Tous les conseils du P. Chevrier ont été fidèlement exécutés. C'est ainsi qu'une scène bien touchante a lieu pour le repas de la première communion. Le fondateur l'a voulu ainsi et ses successeurs se conforment avec joie à ses désirs.

Ce jour-là, le misérable réfectoire change d'aspect. Les tables sont couvertes de nappes blanches. Le maigre ordinaire est augmenté de quelques douceurs: le vin pur fait une apparition et les Pères eux-mêmes servent les enfants.

Le soir, après la rénovation des vœux du baptême et la consécration à la sainte Vierge, le Supérieur remet aux premiers communiants un petit crucifix, gage de leur foi et de leurs promesses.

Et puis... ils partent pour faire place à d'autres, ayant au moins appris, avec le signe de la croix, que le prêtre n'est pas l'ennemi du peuple mais son ami, et que les injures étalées chaque matin dans les feuilles à « un sou » ne sont que haine et mensonge.

L'influence que le P. Chevrier exerçait dans sa maison et sur les enfants était profonde.

Nous verrons plus loin en effet quelle touchante sollicitude il avait pour eux.

Cette influence bénie ne tarda pas à rayonner au delà des pauvres murs où s'abritait tant de courageuse vertu.

La porte de la chapelle était toujours ouverte : entrait qui voulait.

La curiosité attira d'abord : on venait voir.

Quand on eut vu un prêtre pauvre, vivant pauvrement dans une pauvre demeure, voué à l'éducation des pauvres, les aimant d'un amour infini, la curiosité fit place à l'émotion et au respect.

L'humble décoration de la chapelle parlait au cœur en saisissant les yeux.

Les grandes fêtes chrétiennes étaient célébrées avec une vive piété, et suivant toutes les règles de cette magnifique liturgie que le P. Chevrier comprenait, aimait et à laquelle il se conformait scrupuleusement.

« Les fêtes chrétiennes — écrivait-il un jour — « sont un rayon de soleil pour notre âme. Elles nous « soutiennent, nous consolent, raniment notre espérance et nous font aspirer aux fêtes éternelles du « ciel.

« Ce sont les seules vraies joies de la terre qui dé-
« lassent et reposent, les seules joies du pauvre. »

Et le pauvre venait dans cette chapelle, lui qui souvent n'avait jamais franchi le porche d'une église. Il écoutait la parole émue, pleine de charité, qui tombait de cette modeste chaire, des lèvres d'un homme qui aimait ceux qui souffrent et ne repoussait pas les pécheurs.

Car on aura beau dire et beau faire, l'homme, si bon soit-il, ne peut pas, sans le souffle divin qui crée les saints, donner une goutte de *véritable* consolation aux malheureux.

Dans le silence du cabinet de travail il écrira des pages admirables d'émotion vraie, de compassion sincère; il parlera de pitié, il l'éprouvera cette pitié. Mais le mot de Charité ne vibrera pas sous sa plume et la Charité passera à côté de lui comme une inconnue.

Le P. Chevrier n'a pas conçu de « Traité » sur les moyens les plus efficaces pour apaiser la plainte gémissante qui monte du sein de l'humanité : il s'est donné à elle.

Il a pris dans ses bras ses enfants déjà corrompus, ses pauvres abandonnés, ses plus endurcis pécheurs ; il leur a donné le baiser de paix et de réconciliation au nom de Celui qui mourut sur la Croix par Charité pour le monde.

Chaque dimanche pour les fidèles, deux fois par semaine pour les enfants, en dehors de ses instructions toujours pénétrées de l'esprit évangélique, le P. Chevrier faisait en commun l'exercice du Chemin de la Croix.

Il suivait les stations, s'arrêtant devant chacune et les expliquait aux enfants et au peuple.

Ceux qui ont eu le bonheur d'assister à ce pieux exercice n'oublieront jamais l'impression profonde que les paroles du saint prêtre produisaient sur son auditoire.

Certes il ne visait pas à l'effet et ne recherchait point l'éloquence. Il laissait simplement déborder de son âme, si unie à Dieu par l'oraison et le sacrifice, les pensées de foi et d'amour qui la remplissaient tout entière.

Il ne passait pas un long temps à la préparation de ses entretiens. Quelques minutes de recueillement au pied du Tabernacle et puis, comme autrefois Jésus dans les villes de la Galilée ou sur les bords de la mer de Tibériade, « ouvrant la bouche il instruisait (1) », quand il le fallait, autant qu'il le fallait.

Ses idées sur la prédication n'avaient pas changé depuis saint André.

« Nous sommes — dit-il — les missionnaires des « pauvres et des petits, par conséquent nous devons « être simples pour que notre langage soit à la portée « de tous. »

---

(1) Saint Matthieu. V. 2.

Et encore :

« Dans l'exercice de notre ministère nous ne de-
« vons pas consulter la part d'honneur, d'intérêt
« qui nous en reviendrait à nous, mais la gloire qui
« revient à Dieu, le profit qu'en retire le prochain.

« Plus nous nous effaçons, plus nous laissons la
« place à Dieu. »

Il disait aussi :

« Il faut occuper l'esprit et le cœur des gens quand
« ils viennent à l'église et nourrir leur âme. »

Mais cette simplicité dans la parole du prédicateur
n'excluait ni l'énergie, ni la vigueur.

Parfois entraîné par l'élan de son cœur, cédant à
l'ardeur des sentiments qui l'animaient, il s'élevait,
sans en avoir conscience, jusqu'à la plus haute éloquence.

« Avec de beaux discours — disait le P. Jacquier
« son ami — on se fait admirer de quelques personnes.
« En parlant comme le P. Chevrier on touche, on
« convertit les âmes. »

D'ailleurs le bon Père instruisait toujours, profitant
de la moindre circonstance pour en tirer une conclu-
sion pratique ou une pensée capable d'élever l'âme.

Il vivait tellement en la présence de Dieu que ses
paroles, suivant la pente naturelle de son esprit,
étaient imprégnées de piété et d'édification.

Pour nous servir de l'incomparable expression de
Bossuet « son âme ne respirait que du côté du ciel »

et communiquait à ce qu'il disait un charme pénétrant.

Son langage simple, élevé, allait droit au cœur.

Ce n'était pas un sermonneur fatigant et obsé-
dant, mais un ami, un père, un saint dont les accents
captivaient.

Bien des incroyants venus pour lui parler et l'entendre se retiraient visiblement impressionnés par
ses paroles qui, comme celles de Notre-Seigneur,
étaient « esprit et vie ».

Souvent la contemplation de la nature lui inspirait de touchantes comparaisons.

Ame délicate et tendre il sentait vivement la
beauté des œuvres de Dieu et s'en servait pour
monter jusqu'à lui.

Écoutez ces ravissantes paroles recueillies par un
de ses enfants :

« Voyez ces astres nombreux comme ils suivent
« fidèlement la voie que Dieu leur a tracée, sans se
« heurter, sans se confondre ! Comme ils brillent !
« Quels foyers de lumière !

« Eh bien ! mes petits amis, voilà votre mission
« future : publier la gloire de Dieu, briller par l'éclat
« de vos vertus, suivre votre voie sans désordre ni
« confusion. Jésus-Christ, le divin soleil de justice,
« éclairera vos âmes et vous devrez refléter sa lumière
« sur d'autres âmes.

« Cette multitude innombrable d'astres lumineux

« représente les phalanges des élus. Vous en ferez
« partie si vous êtes bons, vous resplendirez auprès
« de Jésus-Christ d'une gloire éternelle proportion-
« née à vos mérites.

« Oh ! mes enfants, que ce sera beau ! »

C'est avec joie que nous multiplions ces citations
du P. Chevrier, convaincus qu'on nous saura gré
d'avoir ainsi dévoilé les beautés de cette âme de
saint.

La prière, le sacrifice, la prédication n'étaient
pas les seuls moyens d'apostolat de cet infatigable
ouvrier.

Bientôt on commença à l'assaillir soit au parloir,
soit au confessionnal.

Jamais il ne refusait personne ; s'il marquait quelque préférence parmi ses visiteurs ou ses pénitents
c'était pour les pauvres et les misérables.

Il écoutait tout le monde avec son ineffable bonté
ne se départissant point de cette sérénité habituelle
qui semblait l'élever plus haut que la terre.

A chacun il donnait ce qu'on était venu chercher :
un avis, un encouragement, une consolation.

Il possédait une grande connaissance des âmes,
le don de pénétrer les cœurs les plus endurcis, de les
toucher et de les ramener à Jésus.

Aussi le bien opéré par lui dans le ministère de la
confession fut-il immense.

Comme on lui reprochait un jour l'excès de travail

auquel il se livrait en se donnant ainsi toujours, à tous, à toute heure, il répondit :

« J'ai eu la pensée de fixer des heures de confes-« sionnal, mais je n'ai pas eu le courage de faire at-« tendre ces pauvres gens ou de les renvoyer à un « autre jour : cela me faisait de la peine.

« J'ai compris que le prêtre doit se tenir à la dis-« position des âmes le jour et la nuit et surtout des « pécheurs, des pauvres, des affligés. Il faut prendre « garde de ne rebuter personne. »

Les prémices de cette vie sacerdotale que nous avons admirés à Saint-André prenaient leur magnifique développement sous l'effort d'une vertu énergique.

On peut facilement comprendre quelle force de caractère il fallait pour accueillir avec une parfaite égalité d'humeur, sans jamais se lasser, ces longues files de visiteurs et souvent d'importuns.

Au parloir ou à la sacristie le Père ne s'asseyait jamais afin de ne pas prolonger inutilement la durée des visites.

Les dernières années de sa vie, alors qu'épuisé par le travail, les maladies, les austérités, il avait peine à se soutenir, il se fit faire un misérable tréteau de bois contre lequel il s'appuyait légèrement et que l'on voit aujourd'hui dans sa chambre.

Souvent en remontant chez lui, il se tenait aux murs.

Un soir, après une journée plus épuisante que de coutume, il se laissa tomber sur une chaise et murmura doucement :

« Mon Dieu, voilà une journée qui vaut bien mille francs. »

Était-ce là tout ce qui pouvait lui donner cette profonde influence populaire qu'il a exercée avec un tact si sûr et qui a obtenu de si nombreuses conversions ?

Certes ce ministère aurait suffi pour remplir la vie d'un homme autre que le P. Chevrier. Pour lui ce n'était pas assez.

On prend le peuple par les faits matériels en soulageant ses souffrances physiques, en s'occupant d'abord de son corps : c'est le plus sûr chemin pour trouver son âme.

Le P. Chevrier — on l'a déjà vu — aimait passionnément les pauvres ; il aurait voulu les soulager à n'importe quel prix.

A Saint-André, à la Cité, les merveilles de sa charité avaient édifié et touché bien des cœurs. Au Prado, ce fut mieux encore.

Il fut vite connu, respecté, vénéré, aimé.

Pour tous il était « le bon Père ».

C'est qu'il ne craignait pas de pénétrer dans les bouges les plus infects, de prodiguer son dévouement aux êtres les plus rebutants ou les plus dédaignés ; de presser sur son cœur ceux que la société a stigmatisés de son mépris, de sa condamnation.

« Pour s'incliner avec tendresse vers un cœur cou-
« pable, pour sentir profondément et délicatement
« les agitations douloureuses d'une âme, il est bon
« d'avoir toujours vécu dans la sérénité, dans la
« lumière et dans la paix (1).

Combien cette parole s'appliquait à l'apôtre des
pauvres et des affligés.

Par-dessus toute chose il était *bon*.

Car « la bonté est ce qui ressemble le plus à Dieu
et ce qui désarme le plus les hommes (2).

Lui-même disait :

« Soyons toujours les amis des pauvres. Comme il
« fait bon travailler pour eux !

« Pour guérir les blessures il ne faut pas les enve-
« nimer. Il est une porte pour arriver au cœur des
« gens. Ils ont *tous* un bon côté par lequel ils sont
« prenables. Il s'agit de le discerner. Les pauvres
« sont les amis de Notre-Seigneur. Nous devons donc
« les honorer et les respecter. Oui, ne jamais les
« contrister, mais les aimer, les accueillir, leur pro-
« curer quelques joies. »

Le Père était intarissable sur ce chapitre et plai-
dait avec une sainte éloquence la cause des pauvres
et des petits.

« Il ne faut pas craindre — disait-il encore — de

(1) Abbé Bougaud. *Vie de sainte Monique*.
(2) P. Lacordaire.

« rendre de petits services matériels aux pauvres
« gens. »

Mettant en pratique les enseignements qu'il donnait, il était toujours sur la brèche pour ses bien-aimés pauvres, se renonçant du matin au soir afin de se prodiguer à tous sans acception de personnes.

O puissance infinie de l'amour divin qui élevez si haut les âmes et en faites des prodiges d'abnégation et de charité !

Pour achever de faire comprendre l'influence de ce prêtre, évoquons dans une esquisse rapide ses traits et sa physionomie extérieure et pour cela, citons simplement les paroles d'une personne qui l'a connu et aimé.

« Au moment de retracer mes souvenirs de cette
« chère et sainte vie, une émotion profonde me
« saisit. Celui que j'ai aimé comme un père, vénéré
« comme un saint, m'apparaît entouré d'une telle
« auréole de bonté, de mansuétude, de douceur,
« d'humilité et en même temps d'une dignité si
« imposante que je me sens incapable de peindre
« cette grande et lumineuse figure telle que je l'ai
« admirée.

« Un court aperçu de sa vie, de ses œuvres, de ses
« vertus pourra-t-il jamais faire revivre cet être
« angélique dont la douce et suave physionomie
« semblait unir dans un harmonieux idéal la poétique
« et austère figure de saint François d'Assise, l'aima-

« ble et large piété de saint François de Sales à une
« tendresse de cœur si douce, si pénétrante que ceux
« qui le voyaient, oubliant ou ignorant ses grandes
« vertus, n'avaient qu'un mot pour le désigner :
« le bon Père. »

Ce portrait ne résume-t-il pas parfaitement le
P. Chevrier ?

Il était très grand. Dans le regard quelque chose
d'infiniment profond ; dans le sourire une douceur
aimable et sur son front un reflet du rayonnement
intime de son âme vivant en Dieu, pour Dieu et par
Dieu.

« Qui n'a pas observé le phénomène de la trans-
« figuration sur de saints visages où les habitudes de
« l'âme impriment l'animation particulière due à la
« noblesse et à la pureté des pensées élevées (1) ? »

Aussi toute La Guillotière était à *Lui*.

Les ouvriers aimaient à lui demander conseil, et
lui proposaient de venir avec eux prendre un petit
verre sur le « zinc » en lui affirmant « qu'ils n'avaient
point honte d'être avec lui *(sic)* ! »

Ces hommes, qui auparavant agonisaient de sot-
tise la soutane du prêtre, l'abordaient maintenant
en pleine rue.

Que de récits amusants de la vénération que la
population de ce faubourg avait pour le « bon Père »,

(1) Balzac.

et qu'elle lui témoignait souvent d'une façon plaisante (1) !

La popularité du P. Chevrier était un immense bienfait pour tous.

On le faisait appeler au chevet des malades, des mourants, ou tout au moins on ne le repoussait pas.

Que de conversions ! Que de retours au bien ! Que d'âmes sauvées ! Que de volontés chancelantes établies dans le devoir ! Que de bienfaits répandus par ce prêtre béni de l'Eglise de Jésus-Christ !

(1) Voir sa Vie, par M. Villefranche.

CHAPITRE IX

La Souffrance. — M. Chevrier, curé du « Moulin-à-Vent ».

« Quand la Providence a de grandes vues sur une
« âme, il est rare qu'elle la livre aux joies de ce
« monde, aux ivresses de la gloire humaine.

« Elle lui choisit une compagne plus austère, une
« conseillère plus sérieuse : c'est la douleur.

« Où sont les hautes natures qui n'ont pas connu
« cette sévère amie, qui n'ont pas reçu de ses mains
« des trésors de courage, de mérite et de patience ?
« La Souffrance est tout à la fois la rédemptrice et
« la génératrice des âmes (1). »

Le P. Chevrier a souffert. Jésus, son Maître tant
aimé, lui a présenté le calice de la douleur et il l'a bu
tout entier sans une plainte, sans un murmure, ayant
toujours sur les lèvres le *Fiat* divin de Gethsémanie.

Dieu a voulu que son serviteur connût toutes les
tristesses et fût abreuvé d'amertume car :

« La douleur est le plus actif ouvrier de la trans—

(1) Mgr Saivet.

« figuration des âmes ; elle les fait arriver à une
« incomparable beauté (1). »

Seul pour fonder une Œuvre, la diriger, la conduire, le saint prêtre eut à subir des heures d'agonie
morale, où l'isolement du cœur s'augmentait de
l'appréhension de l'avenir.

Certes le P. Chevrier ne comptait pour rien dans
la somme de ses souffrances les privations, les fatigues, les peines physiques auxquelles il ajoutait de
grandes austérités.

Mais les débuts de son Œuvre furent entourés de
défiances, de mauvais vouloirs, de dures et injustes
critiques.

Les prudents parmi les gens de bien, et même
parmi le clergé, considéraient cette entreprise comme
une utopie irréalisable, et au lieu d'aplanir les obstacles qui se dressaient, souvent si grands, ils en suscitaient d'autres.

La charité par moments semblait se lasser alors
que les besoins de la misère ne se lassent jamais.

« Ce Prado — disait-on — c'est un gouffre ; le
« Père ignore absolument la prévoyance. Si on lui
« donne pour 80 enfants, vite il en prend 90, etc... »

Et sous de spécieux prétextes les enfants parfois
ont manqué de pain.

Après avoir attaqué les idées de l'Œuvre du P. Che-

(1) Mgr Bougaud.

vrier, la calomnie va l'atteindre dans ce qu'un homme et surtout un prêtre a de plus cher et de plus sacré : l'honneur de sa vie intime.

Appelé à l'archevêché, l'apôtre du Prado mit facilement en lumière la fausseté des accusations portées contre lui.

Pour une âme aussi noblement délicate que la sienne, cette épreuve fut une des plus poignantes.

Néanmoins jamais un mot de blâme ou de reproche ne lui échappa même contre ceux qui le traitaient avec le plus de dédain.

Pourtant combien ces attaques durent être sensibles à celui qui avait pour la réputation du prochain une sorte de culte, ainsi que le prouvent ces paroles adressées à ses enfants :

« Il faut profondément respecter la réputation des
« autres, chacun a besoin de la sienne.

« Il faut publier les qualités, taire les défauts,
« excuser les intentions quand on ne peut excuser
« les actions.

« Soyez toujours pleins de prévenances, de délica-
« tesse, de tact ; évitant de froisser, d'humilier ;
« n'ébruitant jamais ce qui doit rester caché.

« Soyez discrets, prudents, réservés en ce qui con-
« cerne la conduite du prochain. »

Et celui qui a eu le bonheur de recevoir ses enseignements ajoute :

« Oh ! quels beaux exemples il nous donnait sous

« ce rapport, et comme sa conduite était en parfaite
« harmonie avec ses paroles ! »

Jésus a été méprisé, bafoué : le disciple n'est pas
au-dessus du Maître.

Comment parler des lourdes charges, des pesantes
responsabilités, des soucis sans nombre qui for-
maient la trame journalière de la vie du Père.

Il lui aurait fallu plusieurs collaborateurs dévoués
qui puissent partager avec lui le fardeau de sa mission. Mais, pour une mission telle que la sienne, fondée sur la pauvreté la plus absolue, traversée par
l'épreuve, ne s'adressant qu'aux déshérités, aux
misérables, il fallait une vocation sérieuse ou une
formation spéciale.

Aussi le P. Chevrier dut-il longtemps porter sa
croix sans qu'aucun Cyrénéen ne vînt en alléger le
poids.

Malgré sa robuste apparence, le Père n'avait pas
une santé parfaite.

Déjà à la Cité il avait ressenti les atteintes de la
maladie. Comment ne se serait-elle pas de nouveau
abattue sur un corps épuisé par les privations, les
veilles, les fatigues de tout genre.

A plusieurs reprises la douleur physique vint
s'ajouter à la douleur morale et rendre plus conforme
au divin Crucifié le vaillant prêtre du Prado. Il s'en
allait péniblement sans forces et sans voix : nul jamais ne l'entendit se plaindre. On le suppliait alors

de prendre un peu de repos. Du repos ? Le P. Chevrier ne connaissait pas ce mot-là.

Il fallait que de vive force sa mère, indignée de voir son fils se traiter ainsi, l'emmenât passer deux ou trois jours au hameau de Chatanay.

L'air pur, les soins maternels le remettaient vite, et il n'avait qu'un désir : revenir au Prado l'ayant à peine quitté.

Calme et serein au milieu de l'orage, le Père suivait sa route sans défaillance comme sans présomption. Son crucifix était le seul témoin de ses luttes, de ses angoisses, du déchirement de son âme.

Alors que tout reposait dans la pauvre maison, lui priait et pleurait peut-être, mettant au berceau de son œuvre la plus grande force qui soit au monde : la force de la douleur aimée, acceptée et bénie.

« La souffrance ! quelle divine méconnue !

« Nous lui devons tout ce qu'il y a de bon en nous, « tout ce qui donne du prix à la vie. Nous lui devons « la pitié, nous lui devons le courage, nous lui devons « toutes les vertus (1).»

Et les saints qui la connaissent et qui l'aiment lui doivent leur puissance, leur mérite et leur gloire. Car la douleur peut être grande par le stoïcisme, elle ne devient sublime que par la résignation.

--

(1) Anatole France.

Apprenons donc à dire cette magnifique prière du P. Chevrier :

« Mon Dieu, donnez-nous le vrai renoncement à
« nous-même, la vraie soumission à votre volonté,
« afin que, détachés de tout, nous puissions vous
« aimer, servir le prochain et n'être jamais arrêtés
« dans les voies de la justice, du dévouement et de
« la charité. »

Avant de commencer à parler de l'œuvre à laquelle le P. Chevrier a donné le meilleur de son âme ; avant de pénétrer au cœur même de cette œuvre qui fut l'inspiratrice de sa vie, anticipons légèrement sur les années et sans nous assujettir à un ordre chronologique sévère, suivons maintenant le saint prêtre au « Moulin-à-Vent ». Là encore la souffrance l'attend à côté du bien à faire. Là encore l'ingratitude et la calomnie ajouteront de nouvelles épines à sa couronne d'épreuves qui plus tard se changera en gloire devant la grande justice de l'Eternité.

La population du « Moulin-à-Vent » dépendante de la paroisse de Venissieux, qui relevait de l'évêché de Grenoble, était privée des secours religieux par suite de son rapide accroissement.

M. Robin, archiprêtre de Villeurbanne, attristé de cet état de choses auquel seul il ne pouvait remédier, vint demander conseil au P. Chevrier et lui proposer de créer en cet endroit un nouveau centre paroissial.

Le Père, on le sait, était déjà surchargé de travail.

Mais devant le bien des âmes son zèle ardent ne savait rien refuser : il accepta.

L'émotion fut grande dans la ville quand on apprit la nomination du P. Chevrier à cette nouvelle cure du « Moulin-à-Vent ».

On crut qu'il abandonnait le Prado.

Il n'en était rien. Son cher Prado restait son œuvre principale, un de ses prêtres devant le remplacer ordinairement dans la paroisse.

M. Martinet fut choisi par lui pour être son vicaire.

Loin de s'effrayer des fatigues nombreuses que ce surcroît de labeur allait lui apporter, le Père semblait rayonnant.

Il allait dans un centre pauvre, où il n'y avait aucune ressource. Comme il pourrait s'y dévouer, exercer l'apostolat de ses coadjuteurs et ramener des âmes à Dieu !

Qu'importaient les peines, les difficultés, les souffrances ! « Savoir souffrir ! savoir aimer ! Voilà le « précieux secret que j'ai découvert dans l'Évangile.

« Ah ! si les malheureux savaient mieux souffrir et « si les heureux savaient mieux aimer, quelle aurore « de paix et de bonté se lèverait sur le monde (1). »

Qui donc mieux que le P. Chevrier savait à la fois souffrir, aimer et faire rayonner autour de lui cette « auréole de paix et de bonté » ?

(1) François Coppée.

Le 9 décembre 1866, l'église fut bénite, la paroisse fondée.

Le terrain à cultiver était fort aride et fait pour décourager un zèle moins affermi que celui du P. Chevrier.

Il se heurta tout d'abord à l'indifférence, puis à l'hostilité, à la défiance et même à l'injure.

Pourtant il ne négligeait rien pour attirer la population. Après avoir définitivement installé son vicaire, il continuait à se rendre deux fois par semaine au « Moulin-à-Vent ».

Le dimanche il emmenait les élèves de l'Ecole Cléricale qui commençait à se fonder, et par leurs chants essayait de rehausser la beauté des cérémonies de l'Église.

Son premier soin avait été d'ouvrir deux écoles religieuses pour les garçons et les filles.

Tous ses efforts demeuraient à peu près infructueux.

Le Père ne se découragea point.

Il envoya deux par deux ses latinistes porter à chaque habitant des lettres d'invitation personnelle pour une grande mission.

L'entreprise réussit. Soit par politesse, soit par curiosité, on vint entendre la parole évangélique du curé, écouter ses avis pleins de douceur.

Gagnées par le charme de sa vertu et la tendresse de sa charité les âmes se tournèrent vers le Dieu qui — ainsi que le disait M. Chevrier — « étant vérité aime les cœurs simples et droits, et s'incline vers eux pour leur donner ses grâces ».

En 1868, le P. Jaillet fit entendre dans l'humble paroisse sa voix éloquente.

Les conversions furent nombreuses.

Le dévoué pasteur se prodigua à tous, et son âme dut tressaillir de joie devant l'abondante moisson que lui donnaient sa foi et son dévouement.

Une grande croix et une statue de la sainte Vierge élevées sur la place de l'église perpétuent le souvenir de ces jours de grâces.

Citons en passant un charmant détail sur l'ingénieuse façon dont le personnel de la cure se procurait les vivres indispensables à toute créature humaine.

« Lorsqu'on s'absentait — nous dit une religieuse « — on laissait les portes grandes ouvertes, et au « retour on trouvait deux ou trois dîners tout préparés », ce qui faisait dire en riant au bon Père : « Partout on ferme les portes de peur d'être dévalisé ; ici nous les laissons ouvertes et notre buffet « se garnit. Cherchez avant tout le royaume de Dieu « et sa Justice, le reste vous sera donné par surcroît. »

Enfin en 1870, quatre ans après sa fondation, la paroisse commençait à devenir florissante.

Au Prado les occupations du Père se multipliaient. Sa réputation de sainteté allant croissant, les visiteurs venaient plus nombreux : insensiblement il fut obligé de diminuer ses visites au « Moulin-à-Vent ».

Or, un matin, sans avoir été averti ni prévenu, il apprit par la *Revue Religieuse du diocèse de Grenoble* que M. Martinet était nommé curé titulaire de la paroisse : le P. Chevrier n'était plus rien.

Sans se permettre aucune critique de l'autorité, ni aucune appréciation défavorable à son subordonné, il avoua simplement que la perte de cette paroisse lui était une grande peine : ce fut tout.

Au « Moulin-à-Vent » comme partout ailleurs, la seule parole qui résume son ministère est celle dite autrefois de Jésus :

« Il a passé en faisant le bien. »

CHAPITRE X

L'Œuvre Sacerdotale. — Fondation de l'Ecole Cléricale. — L'Année 1870.

Par les nombreuses citations du P. Chevrier sur le prêtre, nous avons vu quelle haute et profonde idée il avait de la grandeur du sacerdoce, de la sainteté de la vie apostolique.

Pour cette vie apostolique la voie des préceptes ne lui suffisait pas ; il voulait la voie plus étroite mais plus parfaite des conseils.

Il voulait unir en une admirable alliance les devoirs du religieux dans son cloître et ceux du prêtre séculier dans le monde.

Son héroïque vertu avait réalisé en lui-même cet idéal de perfection dont il disait :

« Le prêtre vit pour les autres et se doit à tous par
« le dévouement et le sacrifice ; il doit avoir comme
« une auréole de sainteté.

« Il est fait pour vivre au milieu du monde et
« briller dans le monde par la pénitence, la charité, le
« dévouement, la pauvreté : cette vertu qui nous tient

« dans l'humilité, la douceur, la prière. N'ayons
« jamais peur d'embrasser la sainte pauvreté. »

Depuis le séminaire, cette âme d'élite avait franchi
plusieurs étapes la rapprochant toujours davantage
de cette vie de religieux au milieu du monde que,
par une grâce spéciale, il avait si admirablement
comprise, et qui trouvait au Prado son entier
épanouissement.

Était-ce assez pour son cœur dont chaque battement
était un nouvel élan de zèle pour la gloire de Dieu et
de l'Église ?

Dans une de ses retraites il avait écrit :

« Je promets à Jésus de chercher des confrères de
« bonne volonté afin de me les associer pour vivre
« ensemble de la même vie de pauvreté et de
« sacrifice. »

Le moment était venu de remplir cette promesse.
Le P. Chevrier avait une œuvre à lui, une œuvre
très spéciale qui demandait beaucoup à ceux qui
voulaient s'y consacrer et nécessitait en quelque
sorte une formation particulière.

D'ailleurs, pour mieux comprendre les aspirations,
les désirs du saint prêtre, il faut l'écouter tracer les
grandes lignes de son projet, révéler ses intentions.

Les paroles qui suivent sont extraites de différentes lettres et du règlement écrit pour l'exercice du ministère sacerdotal tel que l'entendait le
P. Chevrier.

« Pour l'œuvre des Premières Communions il faut
« une vocation spéciale : elle ne peut être dirigée
« que par des prêtres ayant un attrait particulier
« pour l'instruction des enfants pauvres et délaissés.

« Il faut consentir à passer sa vie avec les pauvres.
« Il faut vivre de leur vie, être au milieu d'eux
« comme des pères...

. . . .

« Imiter Notre-Seigneur (suivre Jésus-Christ) ; voilà
« ce que je me suis proposé dès le commencement.

« Si le Saint-Esprit vous inspire de venir nous
« aider, venez : je bénirai le Seigneur.

« Voici le but de notre maison :

« Préparer à la première Communion les jeunes
« gens et les jeunes filles qui ne peuvent la faire
« dans les paroisses.

« A cette œuvre, la Providence en a ajouté une
« autre : celle de préparer au sacerdoce quelques
« jeunes gens qui ne peuvent aller au séminaire ; en
« faire des prêtres pauvres, crucifiés ; leur faire
« mener une vie religieuse dans l'exercice du minis-
« tère paroissial.

« Il me semble qu'un prêtre ne peut mieux em-
« ployer sa vie qu'à former à l'Eglise de saints
« prêtres (1).

. . . .

(1) Lettre à M. Dutel.

« Les prêtres de paroisse sont appelés à faire plus
« de bien que les autres. Ils doivent être saints au
« milieu d'un monde vicieux. Or, ils ont besoin de
« soutien, de bons conseils.

« Considérant qu'un prêtre de paroisse se trouve
« souvent seul, que souvent il lui manque un cœur
« ami ; que sa solitude fait parfois qu'il remplit moins
« bien ses devoirs ; que plusieurs sont exposés à
« tomber dans le découragement, etc.

« Des prêtres désireux de se sauver et de sauver
« les âmes, s'engagent à s'unir pour vivre dans la
« pauvreté, l'obéissance à un supérieur, la charité,
« entre eux, pour prier, étudier, se livrer aux œuvres
« de zèle qui concernent le service paroissial.

« Nous voulons, quoique restant prêtres séculiers,
« mener une vie régulière, et nous rapprocher le
« plus possible des religieux en prenant de leur vie
« austère tout ce qui peut être compatible avec notre
« vie apostolique dans le monde (1). »

Tel est l'abrégé des vœux du fondateur : vœux qui
se sont réalisés ainsi que nous l'avons dit au chapitre II.

Seule une âme de saint pouvait s'élever si haut,
avoir une conception aussi lumineuse des besoins de
l'heure actuelle, et surtout, fonder une pépinière de
prêtres selon le cœur de Dieu.

(1) Règlement des prêtres du Prado.

Le P. Chevrier était de la race vaillante et généreuse qui a donné à l'Eglise catholique de France les Vincent de Paul, les Bérulle, les Ollier, et qui ne s'éteindra qu'avec le dernier prêtre et le dernier sacrifice.

En 1864 les projets du fondateur du Prado furent soumis au Saint Père dans une supplique présentée par un religieux.

L'abbé Chevrier était trop l'enfant de l'Eglise pour entreprendre une œuvre sans l'approbation du Souverain Pontife.

Pie IX la loua, la bénit.

On pouvait commencer à jeter les fondements de l'Ecole Cléricale.

Les élèves furent choisis parmi les plus pieux de la Première Communion. Il leur fallait un professeur. Le P. Chevrier surchargé de travail ne pouvait enseigner lui-même.

Il fit part de son embarras à M. l'abbé Jacquier, professeur à la Manécanterie de Saint-Bonaventure, qui lui offrit de se charger de ses élèves.

Pendant deux ans, en effet, ils se rendirent chaque jour du Prado à Saint-Bonaventure.

Mais le chemin était long... On ne tarda pas à s'apercevoir des inconvénients qu'entraînaient ces courses quoditiennes : il fallait y renoncer.

Ce fut alors que M. Jacquier, abandonnant son

poste, vint s'offrir au P. Chevrier pour diriger les débuts de l'Ecole Cléricale (1).

Le Père le reçut avec une vive reconnaissance.

Bientôt un nouveau changement s'imposa dans l'organisation de la petite école qui n'était encore que l'obscur grain de blé, d'où devait sortir le magnifique épi de la vie sacerdotale.

M. Chevrier n'accepta plus comme élèves que des jeunes gens de quatorze ans, offrant de véritables indices de sérieuse vocation et appartenant à des familles pauvres, mais chrétiennes.

Quelle joie profonde emplit l'âme du prêtre quand il se vit au milieu de ce petit cénacle, de ces enfants sur qui reposait l'avenir de son Œuvre, qu'il allait façonner de ses mains pour en faire des copies vivantes du Christ Jésus.

C'était la portion chérie de sa famille, ses privilégiés. A eux il donnait tout ce que son cœur renfermait de plus tendre, de plus saint.

Il les entourait d'une sollicitude infinie, leur ouvrant les trésors de son intelligence, de son âme, leur découvrant les beautés souvent méconnues de la vie qu'ils allaient embrasser ; les aimant d'un véritable amour de mère et mieux encore ; les

---

(1) Au bout de quelques mois la maladie l'obligea à se retirer. Mais ayant fait un pèlerinage à Lourdes en 1873 et ayant obtenu une légère amélioration il se consacra définitivement à l'œuvre jusqu'à sa mort : mai 1879. Il était paralytique.

engendrant chaque jour à la vie divine et surnaturelle.

Il voulait que le lien de la Charité unît tous ses enfants.

« Heureuse — disait-il — la maison où les sujets
« ont renoncé à eux-mêmes, où tout le monde s'oc-
« cupe de Dieu et des âmes pour les porter au bien
« et les sauver.

« Alors règnent la paix, la joie, l'union, l'entraî-
« nement au bien.

« Chaque caractère a son bon côté, il faut savoir
« le trouver et s'appliquer à être conciliant. Ne dis-
« putons jamais ; qu'on nous enlève tout, mais gar-
« dons la charité, la paix et l'union. »

Après deux ans, le Père choisissait quelques-uns de ses enfants qu'il nommait ses petits clercs. Il les faisait servir à l'autel, porter le dimanche la soutane au chœur et remplir de petits offices à la chapelle ou à la sacristie.

Nul ne se serait douté que cet homme, accablé de soucis, de préoccupations, de travaux multiples, pût suivre d'un regard aussi tendrement vigilant chacun de ses enfants.

Il voyait tout, il savait tout, et donnait toujours à propos un encouragement, une approbation ou un léger reproche tempéré par son inépuisable bonté.

Pour exciter davantage ses petits clercs à la pratique de la vertu, il s'astreignait, le bon Père, après une rude journée de fatigue, à les recevoir le soir dans sa chambre, à écouter leurs confidences, leurs peines petites ou grandes.

Il souffrait de les voir tristes, voulait partager joies et chagrins et savait trouver une parole du cœur qui pénétrait l'âme de l'enfant et relevait son courage.

« Que de délicatesses ! — écrit un de ses premiers
« élèves — chers et précieux souvenirs toujours
« vivants dans mon cœur reconnaissant.

« Comment ne pas rester fidèle à une mémoire
« aussi vénérée ? Comment ne pas s'attacher aux
« œuvres d'un tel Père, et ne pas s'efforcer de repro-
« duire quelques-unes de ses vertus ?

« Sa bonté n'était ni variable, ni inconstante. Il
« était bon envers tous, bon toujours. »

Toutes ses instructions avaient pour but d'initier ses jeunes gens aux devoirs du sacerdoce.

Au hasard, citons quelques-uns de ses enseigne-ments imprégnés de son esprit d'amour et de zèle.

Les accents de cette âme de prêtre la révèlent mieux que les plus belles paroles.

« Mes enfants, il faut remplir votre cœur de l'amour
« de Dieu, c'est la grande science du prêtre ; parler
« du Bon Dieu partout, toujours, à tous, ce sera
« votre mission.

« Tant que nous n'aurons pas mis la foi et l'amour
« de Dieu dans les âmes nous n'aurons rien fait ; là
« doivent tendre les efforts de notre vie : elle doit
« se consumer à son travail.

Chambre du P. Chevrier. — Son prie-Dieu. — Son bureau.

« Nous avons quitté le monde pour servir, non
« pour être servis. Vivons, travaillons comme des
« pauvres. Nous n'avons droit à quelques instants
« de repos qu'après notre tâche terminée. Le prêtre
« ne doit point passer pour un oisif. »

La simplicité fut une des vertus préférées du
P. Chevrier. Il ne cessait de la recommander à ses
enfants.

« Soyez simples, mes enfants, simples dans vos
« goûts, dans vos paroles, dans votre conduite.

« La simplicité convient au ministère que vous
« devrez remplir au milieu des simples et des petits.

« Notre-Seigneur remercie son Père de ce qu'Il
« révèle ses secrets aux simples ; il condamne les
« raisonneurs, les ambitieux.

« C'est parce qu'il y a trop de raisonneurs qu'il y
« a si peu de saints.

« Aujourd'hui on discute l'Évangile, on conteste
« l'autorité, aussi on ne fait rien de solide.

« Notre richesse est dans les trésors de la grâce.
« Notre beauté doit être à l'intérieur.

« Maintenant que le luxe est à son comble, il faut
« que le prêtre recherche la pauvreté afin d'être
« un exemple au milieu du monde. »

Nous pourrions multiplier à l'infini les citations, car
« rien n'est doux comme les voix de saints, rien
« n'est beau comme ce que Dieu inspire », mais il
faut poursuivre notre route.

Après quatre années de paix et de travail pour l'École cléricale éclata la navrante guerre de 1870. L'école fut licenciée et deux des plus grands élèves s'engagèrent dans les volontaires de l'Ouest.

Le P. Chevrier ne cessa point de veiller sur eux ainsi que le prouve cette admirable lettre :

« Cher enfant,

. . . .

« La voie dans laquelle tu marches est une voie
« toute chrétienne, toute de générosité.

« Courage, mon cher ami, et crois bien que ta dé-
« marche est une bonne disposition au sacerdoce. Tu
« feras un bon prêtre, un vrai soldat de Jésus-Christ.
« Cherche à contenter tes chefs. Sois prévenant pour
« tes camarades. Ne te plains pas, sache souffrir :
« courageux dans les peines, chrétien dans tout.

« Ne néglige pas la prière, Dieu nous entend et
« nous bénit partout.

« Reviens-nous dévoué pour la cause de Dieu et
« de son Église.

« Nous sommes heureux de penser que nous
« avons de braves enfants du Prado qui se forment
« à la vie de charité et de sacrifice afin de faire plus
« tard pour l'Eglise ce qu'ils font pour la Patrie.

. . . .

« Je prie pour toi et je te bénis. »

Pendant ces longues heures d'angoisse, le pauvre parloir du Prado fut envahi par tous ceux qui venaient chercher près du P. Chevrier une parole d'espoir ou de consolation.

Les mères amenaient leurs jeunes gens recevoir, avant de partir, la bénédiction du « saint », et emporter là-bas, sur la frontière, une médaille bénite.

C'était plus que jamais le moment de se donner à tous : le P. Chevrier se donna.

Puis, hélas ! les horreurs de la guerre civile vinrent ajouter une blessure au cœur de la France.

A Lyon la Commune fut courte.

Néanmoins on ferma les maisons religieuses.

Les bandes de Garibaldi allaient fouillant, perquisitionnant sous prétexte d'armes cachées, mais dans l'unique but de dévaliser les demeures.

Seul le Prado fut respecté.

Enfin l'aube de la paix se leva.

Chacun reprit son devoir quotidien, le désespoir vaincu par l'espérance : l'École cléricale se rouvrit.

CHAPITRE XI

L'Œuvre Sacerdotale (suite). — Voyage à Rome en 1877. — Ordination des quatre premiers prêtres du Prado.

Laissons passer les années, années fécondes dans la vie du P. Chevrier, et sur lesquelles nous reviendrons quand nous aurons montré le saint fondateur entouré de ses quatre premiers prêtres. Avant tout, il faut suivre le développement de l'œuvre sacerdotale, le plus beau joyau de sa couronne.

En 1876, quatre de ses enfants venaient de recevoir le diaconat. Un an encore, et ils seraient prêtres de l'Eglise catholique, apostolique, romaine. Mais, à ce moment, ils appartiendraient à leur évêque, par conséquent susceptibles d'être envoyés là où le jugerait l'autorité diocésaine. Pourraient–ils, après avoir été élevés par le P. Chevrier, entretenus à ses frais au grand séminaire, revenir près de lui pour être ses auxiliaires ?

Le Père sentait bien qu'il ne devait léguer son œuvre qu'à ses enfants, et que de jour en jour ses forces diminuaient.

De plus, il aurait voulu pouvoir former *complète-ment* les élèves de son Ecole cléricale, afin d'en faire vraiment des prêtres selon son désir, et les amener à pratiquer cette perfection de vie évangélique dans la pauvreté et l'obscurité.

Son vœu le plus cher était d'envoyer ses quatre séminaristes accomplir à Rome leur dernière année de préparation.

Une démarche à l'archevêché échoua.

Le P. Chevrier n'insista pas et recourut à son grand moyen : la pénitence et la prière.

Au milieu de ses graves préoccupations, il travaillait avec ardeur à son « Vrai Disciple de Jésus-Christ », ouvrage admirable qui résume son œuvre et semble un écho de sa propre vie. Quelle persévérance il lui a fallu pour écrire un pareil travail malgré son existence morcelée, appartenant toute aux autres, jamais à lui.

Sur une planche adossée au mur de sa chambre, le pauvre Père épinglait des feuilles de papier où, phrases par phrases, l'ouvrage grandissait (1).

Que de fois il a dû laisser des mots inachevés pour courir où l'appelait la souffrance :

« Chrétien pour soi, disait-il, prêtre pour les autres. »

Le Père ne s'était point laissé décourager par le refus de Mgr Caverot.

(1) Cette planche et ces papiers sont conservés dans sa chambre.

Profitant d'une circonstance favorable, il renouvela sa demande.

« Vous y tenez donc bien ? » interrogea l'archevêque. Et, réfléchissant un instant : « Faites comme vous le désirez ; je ne veux pas contrarier les desseins de Dieu sur vous et votre œuvre. »

Parole digne du vénéré prélat et de l'humble serviteur de Dieu.

Les quatre jeunes diacres furent présentés à Monseigneur, qui les bénit paternellement ; puis ils partirent pour Rome, sous la conduite du P. Jaricot (1).

Lourde charge pour le P. Chevrier que d'entretenir ainsi au loin quatre jeunes gens ne possédant pas plus que lui-même, c'est-à-dire : rien.

La Divine Providence lui vint en aide en la personne d'une généreuse bienfaitrice.

Entre Rome et Lyon, ce fut alors un doux échange de pensées.

Le P. Chevrier suivait par le cœur ses chers enfants, ses bien-aimés disciples. Il leur envoyait d'admirables conseils que nous voudrions pouvoir reproduire intégralement.

Le souffle d'en haut les anime ; on y sent tressaillir

(1) M. l'abbé Jaricot, de Lyon, venu simple tonsuré au Prado comme catéchiste en 1866, a ensuite été ordonné prêtre, et s'est dévoué aux œuvres du Prado, qu'il a quitté un peu après la mort du P. Chevrier pour entrer dans la vie religieuse.

l'âme du saint, du père, de l'ami ; la flamme du zèle y projette de splendides clartés.

« C'est la gloire de mon Père que vous portiez « beaucoup de fruits. On ne porte des fruits qu'autant « qu'on est rempli de la sève de Jésus-Christ qui est « la charité.

« Je sais combien vous avez besoin d'union, de « prière, de force. Je suis avec vous par l'esprit, je « travaille, je prie pour vous, je ne désire qu'une « chose : que vous deveniez de saints prêtres.

« Demandez à l'Enfant Jésus cette petitesse, cette « humilité, cette pauvreté qui est son caractère. Que « l'on vous reconnaisse à ce signe. »

Avant son retour le P. Jaricot eut la faveur de se trouver sur le passage du Saint Père avec les jeunes diacres.

Pie IX demanda à l'un d'eux d'où ils étaient. Ils répondirent qu'ils appartenaient à l'œuvre du Prado fondée à Lyon pour les pauvres, les petits, les ignorants.

Le Saint Père écouta avec attention et dit : « *Benedictio pauperibus.* »

Parole qui remplit de joie le cœur du P. Chevrier et illumina l'heure de sa mort.

A ce sujet il écrivit à ses enfants : « Que je suis heu- « reux d'apprendre que le Pape vous a bénis et qu'en « vous il a béni les pauvres.

« Ne songez qu'à vous faire les égaux des pauvres « pour vivre et mourir avec eux.

« Soyez unis, vous fortifiant dans l'amour de Notre-
« Seigneur. Nous attendons de nouveaux bras pour
« agrandir le travail. Que d'âmes à sauver !

« Appliquez-vous à asseoir votre belle vocation de
« catéchistes des pauvres : c'est la plus digne d'envie.»

Le temps passait, et le P. Chevrier comprenait
la nécessité d'aller à ses enfants avant le grand jour
de l'Ordination.

« Chers amis, écrivait-il, je ne sais si vous sentez le
« besoin de *nous voir ;* pour moi, je sens que j'ai
« beaucoup à vous parler, et à vous faire comprendre
« ce que c'est qu'un véritable disciple de Jésus-Christ.»

Son vœu allait être accompli.

Mgr Caverot s'étant rendu à Rome en janvier 1877,
les quatre *Pradosiens* allèrent lui offrir leurs hom-
mages et lui demander d'avoir leur Père au milieu
d'eux jusqu'à l'ordination.

Sa Grandeur donna l'autorisation, et le 19 mars le
P. Chevrier, surmontant un état de santé fort chan-
celant et les fatigues du voyage, avait rejoint ses
enfants.

Il laissait son Prado entre des mains vaillantes et
dévouées : MM. Dutel et Jaillet (1) : les âmes pouvaient être tout à la joie.

---

(1) M. Dutel, entré au Prado en 1869, en fut un des plus zélés
collaborateurs. Il y est resté jusqu'à sa mort.

M. Jaillet s'est dévoué à l'Ecole cléricale depuis 1868. Il s'est
retiré après la mort du Père comme aumônier chez les Bénédictines.

Pendant trois mois le saint fondateur vécut avec ses enfants dans l'intimité la plus complète, au centre de la foi, dans cette Rome catholique dont toutes les pierres racontent les grandeurs, les luttes, les souf— frances, les triomphes de l'Eglise.

Il travaillait avec ardeur à préparer ses abbés au jour solennel qui approchait et qui allait faire d'eux des incarnations vivantes du Seigneur Jé- sus.

Dans ce recueillement il achevait son « Vrai Disci- ple », le commentant, l'expliquant à ses enfants, jetant les bases de l'édifice qui s'élèverait plus tard pour la gloire de Dieu.

Avec ses diacres il visitait les églises, les cata- combes, tous les lieux à jamais sacrés de la Rome chrétienne.

De toutes choses il tirait un enseignement profond, un renouveau de ferveur : l'âme des disciples était prête pour recevoir le sceau du sacerdoce.

Le mois de mai 1877 fut pour la Ville éternelle un mois de fêtes exceptionnelles.

On célébrait le 85e anniversaire de la naissance de Pie IX.

Le 3 juin eurent lieu les noces d'or du Souverain Pontife.

Jamais plus brillante manifestation n'avait eu lieu. Aux pieds du Pontife prisonnier, les foules de toute nation venaient se prosterner, rendant à la face de la terre un sublime et immortel hommage à la Majesté du Vicaire de Jésus-Christ.

Nombreuses furent les audiences publiques.

Aussi le P. Chevrier et ses enfants purent-ils approcher plusieurs fois du Saint Père, et faire croître en leurs cœurs l'amour de l'Eglise, de ses droits, de son chef suprème.

Quiconque n'a pas cet amour ne peut pas et ne doit pas se dire catholique.

Le P. Chevrier obtint par Mgr Dubuis, évèque de Galveston, une audience privée, et, à la veille de donner quatre prètres à Dieu, reçut la bénédiction et les encouragements de son représentant.

Le 26 mai 1877, à la basilique de Saint-Jean de Latran, MM. Broche, Duret et leurs deux confrères reçurent l'onction sacerdotale des mains de Son Em. le cardinal-vicaire Monaco La Valetta, en présence de quelques amis et bienfaiteurs venus de Lyon.

Comment parler de l'émotion infinie qu'éprouva le P. Chevrier au moment où, prosternés sur les dalles du sanctuaire, ses premiers disciples entraient dans la glorieuse milice des soldats du Christ.

Ce n'était pas un seul prètre qu'il avait le bonheur d'offrir à Dieu ; mais quatre formés par ses prières, par son cœur, quatre prètres pauvres, vrais enfants de Jésus Crucifié.

De telles heures doivent être une prescience du Ciel.

Mgr Caverot devait aller à Rome au mois de juin pour recevoir le chapeau de cardinal. Le P. Chevrier résolut de l'attendre pour lui soumettre son ardent désir de garder ses jeunes prêtres.

La demande ne semblait pas devoir être bien accueillie ; mais le Père, toujours soumis et confiant, écrivait : « Si les choses allaient toutes seules ce « serait trop bien. Les épreuves fortifieront la « vocation de mes enfants. Que Dieu nous accorde « seulement de l'aimer toujours. »

Dès que sa Grandeur fut arrivée, le P. Chevrier lui présenta ses nouveaux prêtres et lui exposa sa requête.

Le Cardinal sourit et les yeux au Ciel :

« Oui, mon cher Père, gardez vos enfants. Ceux « de vos prêtres qui désireront rester au Prado « resteront au Prado. »

La main de Dieu s'étendait visiblement sur cette Œuvre : tous les obstacles étaient vaincus.

Mgr Caverot demanda en outre le règlement du Prado, et le 25 janvier 1878 le P. Chevrier reçut des mains mêmes de Son Eminence l'approbation complète de sa règle.

Il avait été question de prolonger le séjour dans la Ville Sainte pour donner le temps à deux des nouveaux prêtres d'achever leur préparation à la licence du droit canonique pour laquelle ils avaient pris inscription.

Mais un matin, pressé par l'inspiration divine autant que par son zèle, le Père dit à ses enfants : « Mes amis, c'est assez. En route. Le Prado a besoin « de nous, les âmes nous attendent. Ce ne sont pas « des diplômes, ce sont des ouvriers qu'il leur faut. »

Le 20 juin, il fallut dire adieu à Rome.

Les voyageurs eurent la consolation de célébrer la messe à Lorette dans la « Santa Casa » et de vénérer le Saint Suaire à Turin.

Le 23 juin, les premiers prêtres du Prado s'agenouillèrent dans l'humble et pauvre chapelle qui était bien leur maintenant.

L'Œuvre sacerdotale était fondée !

CHAPITRE XII

Rome.

Le voyage du P. Chevrier à Rome en 1877 n'était
pas le premier.

Trois fois déjà il s'était rendu dans la Ville sainte,
cette ville qui a fait jaillir du cœur et de la plume de
grands chrétiens des paroles vibrantes d'émotion
et de foi.

« Rome! nom de mystère !

« Rome! terre de la lumière, des miracles, de la
« miséricorde !

« Rome! la triomphante, la dominatrice des na-
« tions !

« C'est Rome, qui s'est assujetti la terre ; c'est
« Rome, qui a pris le genre humain dans ses bras
« comme un enfant malade, qui lui a fait respirer l'air
« salubre des hauteurs, qui l'a nourri de la chair
« de Jésus, le Dieu vivant.

« Telle que le Christianisme l'a faite, Rome est
« la ville des âmes.

« L'humble qui s'est agenouillé de loin devant
« l'impérissable Croix, celui qui a touché de son

« front le pavé saint, le fils de l'Eglise qui veut bien
« se souvenir de César, mais qui vient pour honorer
« Pierre, voilà l'hôte de Rome, elle lui parlera. Il aura
« le sens de ses harmonies, le charme vainqueur de
« ses parfums ; il comprendra, il aimera, il gardera
« les délices de son amour (1). »

L'âme si profondément catholique du P. Chevrier
était plus apte qu'aucune autre à *comprendre* Rome
chrétienne.

Son premier séjour, en 1858, fut de courte durée :
l'abbé Chevrier accompagnait M. Rambaud qui, nou-
vellement ordonné prêtre, allait faire affilier la « Cité
de l'Enfant-Jésus » au tiers-ordre de Saint-François.

En 1864, il partit pour soumettre au Saint Père son
projet de l'Œuvre des prêtres pauvres, projet qui fut
béni et approuvé.

Le P. Chevrier resta un mois à Rome, puisant aux
sources mêmes de l'immuable Vérité de nouvelles
lumières pour aller toujours plus avant, pour monter
toujours plus haut.

Chacune de ses journées était marquée par
un pieux pèlerinage à l'un des nombreux sanctuaires de Rome : monuments impérissables d'une
foi sans cesse attaquée, éternellement triomphante.

Oh ! les douces heures de prière passées près des
tombeaux de ceux qui cimentèrent de leur sang l'édifice de la catholicité.

(1) L. Veuillot, — *Le Parfum de Rome.*

Quels durent être les élans de ce cœur qui avait pour l'Eglise un amour de fils, amour qu'il reportait dans toute sa plénitude sur la personnification du Christ parmi nous : le Souverain Pontife.

« Le salut des âmes, les droits de l'Eglise, le bien « des peuples, tel est le triple but que, de saint Pierre « à Léon XIII, les Souverains Pontifes ont poursuivi « et continuent sur la terre au nom de Jésus-Christ, « et sous l'inspiration de Dieu.

« Aussi leur histoire est-elle celle du monde, et le « monde a marché dans la lumière ou les ténèbres, « selon qu'il a accepté ou repoussé le flambeau allumé « par Simon-Pierre au feu de l'Esprit-Saint, le jour « de la Pentecôte. »

Tous les saints ont eu un amour profond pour l'Eglise, un zèle ardent pour la défense de ses intérêts : le P. Chevrier était bien le noble descendant de ces vrais chrétiens.

Il partageait les douleurs et les triomphes de l'Eglise, se réjouissant ou pleurant avec elle, prêt à la défendre avec le même dévouement que la gloire de Dieu même.

Combien son cœur se serrait au récit des progrès de l'impiété et de l'erreur ! Ses yeux se remplissaient de larmes comme autrefois Jésus pleurant sur Jérusalem coupable, et son âme s'attendrissait sur le sort des multitudes.

« Qu'il est triste aujourd'hui, écrivait-il, de voir

« la rage des impies, le travail qu'ils font pour dé-
« truire dans les hommes toute notion de Dieu, de
« leur dignité, de leur grandeur !

« Que pouvons-nous devenir si nous marchons
« toujours dans ce chemin affreux de l'incrédulité ?

« Ah ! prions, mes chers enfants ; travaillez dans
« la prière et l'humilité à devenir des prêtres selon
« le Seigneur, remplis de zèle, de foi, d'amour pour
« l'Eglise. Nous ne pouvons raviver cette génération
« incrédule que par de grands actes de vertu.

« Ne craignons pas d'avoir l'esprit trop romain.
« C'est sur Pierre, c'est sur la pierre fondamentale de
« l'Eglise qu'il faut s'appuyer quand on veut bâtir
« pour longtemps.»

Tels étaient les sentiments du vénéré Père.

Aussi dès le commencement de la fondation du
Prado il établit la coutume d'ajouter aux prières du
matin et du soir un *Ave Maria* pour le Saint Père.

Il établit à Lyon l'Œuvre sacerdotale du denier
de Saint-Pierre qui engageait chaque prêtre à
donner tous les mois un honoraire de messe pour le
Pontife de Rome réduit à vivre des dons de ses
enfants.

Le mois écoulé dans la Ville sainte, le P. Chevrier
revint dans sa « pauvre baraque » après avoir pro-
longé son voyage jusqu'à Lorette et Assise.

Lorette ! La Santa Casa ! Que ces noms étaient
doux à son âme. De quelle céleste émotion le prêtre

de Jésus-Christ ne fut-il pas envahi en se prosternant dans l'humble demeure où s'accomplit le plus merveilleux des prodiges, où l'amour divin se révéla dans son adorable sublimité, où le « Verbe s'est fait chair ! »

« *Deiparæ domus ubi Verbum Caro factum est !* »

Le 10 décembre on célèbre la fète de la translation miraculeuse de la « Santa Casa » à Lorette.

Ce fut aussi le 10 décembre que le Prado devint la maison du Verbe, incarné à jamais dans nos tabernacles.

Le P. Chevrier aimait à parler de cette douce coïncidence, à en dégager une leçon de foi et de confiance.

« Les anges — disait-il — se contentèrent de « déposer la maison de Nazareth en terre chrétienne, « à l'ombre de la houlette pontificale, et elle s'y « conserve malgré son antiquité et s'y tient debout « sans aucune fondation. Ainsi le Prado subsiste « sans appui humain, maintenu uniquement par la « Providence qui nourrit les petits oiseaux. »

Enfin en 1875 le P. Chevrier se rendit à Rome avec Mgr Dubuis, évêque de Galveston.

Le Saint Père lui accorda une audience particulière et lui donna une bénédiction spéciale pour lui et toute sa famille spirituelle.

En 1877, pour la dernière fois il revit « l'invin- « cible, l'immortelle Rome, la ville assise sur les sept

« collines, le grand laboratoire où la main de Dieu
« reconstruit toujours la famille humaine toujours
« brisée par l'ennemi ; la sainte Montagne dont Dieu
« a fait la demeure de l'Unité et de la Vérité (1). »

Dans le chapitre précédent nous avons parlé en
détails de ce séjour.

Ce fut celui qui mit le sceau définitif à l'Œuvre du
P. Chevrier, car cette année-là il ne quitta pas seul
la Ville éternelle. Quatre de ses enfants, quatre disciples, quatre prêtres revenaient avec lui.

Quatre prêtres de l'*Eglise Immortelle*.

En vain les flots de l'erreur, de la haine, de
l'hérésie, de l'impiété se soulèvent sans cesse
contre Elle, cherchant à saper les bases de son immu-
tabilité.

Sereine et calme Elle entend gronder l'orage, Elle
supporte l'assaut.

Sans doute Elle souffre, parce qu'Elle est mère et
qu'une mère pleure toujours sur un enfant rebelle,
mais jamais Elle ne faiblit.

Depuis saint Pierre jusqu'à Léon XIII le sceptre
pontifical a passé de mains en mains toujours
respecté, toujours béni, parce que ce sceptre est la
Croix du Christ Jésus qui protège le monde et garde
les nations.

Nous avons prononcé le nom de Léon XIII.

Pouvons-nous le laisser passer sous notre plume

(1) L. Veuillot. — *Parfum de Rome.*

sans saluer cette rayonnante figure, une des gloires les plus pures de la Papauté ?

D'ailleurs chanter les louanges d'un Pape, c'est redire celle de ses prédécesseurs car, si différents qu'ils aient pu être par l'intelligence, le génie ou le cœur, tous ils portent le diadème trois fois saint de Vicaire du Christ, et la même gloire qui transfigure Léon XIII a auréolé les douleurs de Pie IX.

« On ne connaîtra jamais assez, dit une plume
« autorisée, les travaux de Léon XIII pontife, roi,
« docteur, pacificateur ; sa grande âme, sa vaste intel-
« ligence, sa puissante volonté suffisent à tout.

« Il est bien en vérité le Vicaire de Jésus-Christ.

« Il embrasse le monde d'un vaste regard, et en
« scrute, de ses yeux perçants, les moindres détails
« pour semer et pour faire pénétrer partout la vérité
« et la vie.

« Où donc le Souverain Pontife puise-t-il la force
« et la science nécessaires à un travail si vaste et si
« écrasant ?

« Au saint sacrifice de la Messe.

« C'est là que Léon XIII reçoit du Dieu fait
« homme dont il est le représentant sur la terre, les
« conseils et le courage. »

Et pour terminer recueillons ces éloquentes paroles qui résument en quelques lignes la gloire de l'Eglise.

« Tout ce qu'il y a d'impie, de vil dans ce siècle
« ne pourra rien contre l'Eglise ; tout ce qu'il y a de

« beau, de noble, d'élevé dans ce siècle ne pourra
« rien que par l'Eglise.

« Le signe distinctif et immortel qui caractérise
« l'Eglise et n'appartient qu'à elle ce n'est pas la
« science, ce n'est pas l'éloquence, ce n'est pas le
« génie : c'est le dévouement, le sacrifice, l'immo-
« lation (1) ! »

(1) Mgr Bougaud.

Le pont Morand et les quais.

CHAPITRE XIII

Recueillement et solitude. — Saint-Fons. — Epreuves. — Sanctification du Dimanche.

« Se retirer en soi et en Dieu est la plus grande
« force qui soit au monde (1).. »

C'est la force qui fait les saints.

Au milieu du tumulte des choses extérieures,
parmi les lourdes préoccupations de la vie, au sein
même de l'existence la plus mouvementée ils savent se
créer, au fond de l'impénétrable sanctuaire de l'âme,
une solitude où Dieu seul peut pénétrer.

Mais l'homme, l'homme d'action et surtout le chrétien a besoin par moments de s'éloigner du monde,
de se trouver en face de Dieu et de lui-même dans le
silence de la retraite :

« Je la mènerai dans la solitude et là je parlerai à
son cœur (2). »

Plus que bien d'autres le P. Chevrier ne s'appartenait pas ; chaque seconde de sa vie était donnée. Et

(1) P. Lacordaire.
(2) Osée, II, 14.

cependant le recueillement, sans lequel l'âme ne saurait vivre, lui était habituel.

La moindre de ses actions il la faisait sous le regard de Dieu, toujours uni à Lui.

Néanmoins il sentait profondément ce besoin d'isolement, de paix, de repos aux pieds du Seigneur, loin de la fiévreuse activité du travail.

Il éprouvait le désir de décharger un instant ses épaules du poids accablant de son labeur quotidien, et si haute que fut son énergie morale, ses forces physiques la trahissaient parfois.

« J'éprouve, disait-il alors, le besoin de m'enfoncer « dans la solitude, de ne plus voir personne.

« Il faut que j'aille prier le Bon Dieu. »

Le P. Chevrier avait choisi pour lieu de retraite un site désert nommé « les Grottes » peu éloigné de Lyon et presque contigu au village de Saint-Fons.

Il s'installa dans une espèce de *baraque* en planches, étroite, disjointe, dont l'ameublement se composait d'un banc, d'une table pour écrire, d'une planche pour reposer.

Une seconde *baraque* pareille à la première servait d'asile à son ami M. l'abbé Boulachon, qui allait partager ces heures de féconde solitude.

Au bout de quelques années, un propriétaire des environs offrit au P. Chevrier une pauvre petite maison plus propice à le préserver des intempéries extérieures, et dans laquelle un certain nombre de personnes pourrait se réunir : nouveau Cénacle où de nouveaux apôtres allaient se retirer pour recevoir les inspirations de l'Esprit divin qui ne parle que dans le silence et la paix.

Ici, comme au Prado, la pauvreté fut choisie pour reine. A peine le strict nécessaire : des caisses remplissaient l'office de chaises, des paillasses jetées à terre suffisaient pour donner un instant de repos.

La vie matérielle réduite à sa plus simple expression laissait les facultés intelligentes et spirituelles prendre un noble et rapide développement.

Les liens terrestres étaient pour ainsi dire momentanément rompus ; et, portées sur les ailes du détachement et de la prière, les âmes montaient dans la lumière et l'amour.

Sitôt qu'il eût un abri suffisant, le P. Chevrier ne se retira plus seul à Saint-Fons.

Il emmenait avec lui deux ou trois de ses enfants, instituant cette importante coutume des retraites qui s'est fidèlement perpétuée au Prado.

Écoutons un de ceux qui ont le plus connu le saint prêtre raconter un séjour à « l'Ermitage de Saint-Fons ».

« Durant le cours de l'année le Père prenait deux « ou trois d'entre nous : « Partons, mes enfants ; « allons nous retremper et renouveler nos provi- « sions. »

« Nous partions à pied ; le Père s'entretenait avec
« nous et nous parlait du Bon Dieu.

« Pendant qu'il allait saluer au passage M. le Curé,
« nous gravissions lestement la colline pour procéder
« à la sommaire installation.

« La gaîté et l'entrain présidaient à ces prépa-
« ratifs.

« Après le repas et la prière du soir, on se jetait
« sur sa paillasse et on tâchait de s'endormir en se
« protégeant contre les rats mécontents d'être impor-
« tunés dans leur domaine.

« Le lendemain le Père faisait à haute voix la prière
« et la méditation du matin et nous partions en
« silence pour nous rendre chez les Pères Basiliens
« où le P. Chevrier célébrait la sainte Messe avec sa
« piété ordinaire.

« La journée se partageait en lectures pieuses,
« rédactions diverses. Notre Père s'occupait pendant
« ces jours bénis de nous former à la vie d'oraison,
« de nous faire goûter et apprécier les bienfaits de la
« Retraite. Il nous parlait de Notre-Seigneur, de la
« beauté de notre vocation. Il nous initiait à la pra-
« tique des vertus et des obligations de notre futur
« apostolat.

« Lui-même méditait, travaillait, priait.

« Et après ces heures de repos le Père rentrait
« rayonnant dans son Prado pour reprendre son
« rude labeur quotidien.

« Nous-mêmes nous remettions à nos études tout
« heureux de ces jours de prière qui faisaient tant de
« bien à notre âme, nous attachaient davantage à
« notre Père et par lui à Notre-Seigneur.

« Notre bonheur devint plus complet lorsque
« l'évêché de Grenoble nous eut accordé la faveur de
« célébrer la sainte Messe dans notre solitude et d'y
« conserver la sainte Réserve.

« A la hâte on organisa une petite chapelle bien
« modeste. M. le Curé vint la bénir en présence de
« la famille chrétienne à laquelle nous étions rede-
« vables de ce bienfait.

« Le Père nous adressa quelques paroles émues,
« toutes pleines d'amour et de reconnaissance pour
« Notre-Seigneur.

« Doux et précieux souvenirs qui font revivre la
« mémoire de ce Père vénéré et la joie qui inondait
« sa belle âme en ces heures de solitude. »

Que d'admirables conseils ont dû tomber des lèvres
de ce prêtre qui faisait ses délices de la plus austère
pauvreté et surabondait de joie au milieu des privations.

Comme on comprend la puissance de cette prière
échappée un jour de son cœur :

« O Marie, ô la plus pauvre des servantes du
« Seigneur, priez pour moi afin que mon cœur se
« détache des choses de la terre, et qu'étant bien
« vide de toutes les choses du monde il puisse s'enri-

« chir des trésors de la grâce et se remplir de toutes
« les vertus. »

Le monde passe à côté de ces âmes d'élite : il les
regarde et ne les voit pas.

Devant le saisissant contraste de l'extrème austérité
de leur vie et du rayonnement surnaturel de leur
bonheur, il sourit d'ignorance ou de pitié.

C'est qu'il ne peut comprendre, lui qui ne court
qu'après les plaisirs et les joies humaines, que « l'âme
« ne peut rester vide d'amour. Et que, lorsque la
« mortification et l'humilité l'ont délivrée de tout
« amour terrestre, l'amour divin y entre à flots
« remplissant de sa lumière et de sa flamme le vide
« laissé par l'absence des choses qui périssent (1). »

De quelles pénitences, de quels transports de zèle,
de quelles sublimes oraisons les humbles murs des
Grottes ont été témoins.

Le P. Chevrier avait vaincu la nature rebelle qui en
tout homme veut relever la tête.

Soldat du Christ il combattait vaillamment, chaque
jour, sans relàche et sans trêve, les yeux fixés sur
l'admirable Modèle qu'il voulait reproduire dans la
limite permise aux forces humaines.

Son héroïque vertu était le fruit de ses luttes, de
ses souffrances. Et ces jours d'isolement, d'union plus
parfaite avec Dieu devenaient pour lui une source
féconde, où il puisait une force nouvelle, une nou-

(1) Pauvert.

velle énergie pour continuer sa route si largement semée d'épines.

Le P. Chevrier attachait une importance extrême à cette absolue nécessité de faire, de loin en loin, une halte.

Régulièrement, chaque mois, il passait une grande partie de sa journée dans un sanctuaire ignoré pour s'occuper davantage de Dieu et s'unir plus intimement à Notre-Seigneur.

Il oubliait alors ses graves sollicitudes et dans l'immolation de soi-même s'abîmait en la présence de Dieu.

Il conseillait vivement cette pratique à ses disciples :

« Retirez-vous dans quelque chapelle déserte pour
« vous retremper en Notre-Seigneur et vous reposer
« d'esprit et de cœur, demandant comme les pauvres
« un morceau de pain sur votre route afin d'arriver
« jusqu'au soir. Vous verrez comme cela fait du
« bien. »

L'exubérance de sa vie extérieure était ainsi équilibrée, alimentée par une vie intérieure calme et puissante.

Il lui arrivait même de mettre une plus grande barrière entre le monde et lui. Sa pauvre santé l'exigeait.

Il sentait ses forces épuisées, son esprit appesanti. Il allait alors demander l'hospitalité à Valfleury ou dans un autre monastère ; puis regagnait vite sa pauvre et chère maison dès qu'il se sentait à peu près en état d'y rentrer.

Union à Dieu, recueillement, retraite : voilà le secret des Saints.

Ces quelques heures consacrées à Dieu seul n'empêchaient pas le P. Chevrier de se livrer à de multiples occupations, et lui donnaient le courage nécessaire pour supporter des épreuves successives.

Après la guerre de 1870, le P. Chevrier fut à Lyon le promoteur de l'Œuvre de la Sanctification du Dimanche, et lorsque M. de Cissay vint dans cette ville il trouva l'œuvre établie et n'eut qu'à la relier au centre général.

C'est à ce moment que la croix de la Légion d'honneur fut offerte à M. Chevrier en récompense des bienfaits sans nombre que sa charité avait répandus autour de lui.

Sa sincère humilité ne lui permit pas d'accepter.

En 1866, l'abbé Chevrier fut atteint dans une de ses plus chères affections : la mort lui enleva son père qu'il aimait et vénérait profondément.

Mais la foi, en écartant déjà les voiles de l'au-delà, apporta au cœur blessé d'ineffables consolations, et mêla aux larmes du deuil les sourires de l'espérance.

Quelques années plus tard le P. Chevrier put croire que l'heure du grand repos allait sonner pour lui.

Une grave fluxion de poitrine faillit le ravir à son Œuvre : c'était en 1874.

En 1875, une forte émotion fut pour lui la cause d'une nouvelle rechute dont il ne se releva jamais complètement.

Il dut accomplir l'énorme sacrifice de faire une saison à Vichy. De là il écrivait :

« Travaillez à fortifier la vie de l'âme, de l'âme
« qui ne périt pas. Priez pour que je croisse dans
« cette santé spirituelle qui est la plus importante des
« deux. Je n'ai garde cependant de mépriser l'autre.
« Je l'emploierai — si le bon Dieu me la rend — à
« travailler plus que jamais.....

« .....Il me tarde de retourner auprès de vous qui
« êtes ma véritable famille. Le temps est long pour
« un père loin de ses enfants.

« Je rentrerai lundi. Quel bonheur de revoir notre
« pauvre Prado et surtout ceux qui l'habitent. »

Hélas ! trois ans plus tard le Prado devait voir disparaître pour jamais son fondateur et son Père.

CHAPITRE XIV

Les Religieuses. — Limonest.

Lorsque Dieu veut fonder une œuvre, Il place toujours auprès de l'élu choisi pour être l'exécuteur de ses volontés, des âmes et des cœurs épris du même idéal, inspirés par le même souffle : étoiles bénies qui semblent faire rayonner d'un éclat plus grand l'astre de sainteté dont elles forment la couronne.

A ses prêtres, le P. Chevrier donnait la grande part de la mission; pour ses enfants, il fallait non seulement des pères, mais des mères.

Il fallait que les petites filles arrachées au mal de l'ignorance ou de la misère puissent trouver au Prado des bras maternels.

Dès le début de l'Œuvre, des auxiliaires dévouées étaient venues s'offrir au P. Chevrier et mettre leur jeunesse et leur vie au service de la souffrance.

Le nombre de ces âmes vaillantes s'augmenta rapidement.

Elles s'occupaient du catéchisme des petites filles, de la sacristie, de la lingerie, de la cuisine ; unissant

à l'amour contemplatif de Marie le zèle actif de
Marthe.

Une religieuse ! Après le prêtre qu'y a-t-il de plus
digne de l'admiration des anges et de la vénération
des hommes ?

« Quelle douce rencontre que celle de ces âmes qui
« ne savent rien du monde, et n'ont de fenêtre
« ouverte que sur le ciel.

« Rien n'est fané en elles de la fleur de la vie. En
« l'offrant à Dieu elles l'ont faite immortelle.

« Elles ont sacrifié toutes les illusions, elles n'en
« ont pas perdu. Jeunes, elles sont vénérables ; pleines
« d'âge elles restent jeunes.

« On voudrait les connaître, on n'ose approcher.
« En se penchant sur ces fontaines si pures on crain-
« drait de les rider.

« On se trouve indigne, et l'on passe en cour-
« bant le front, gardant toutefois au cœur l'im-
« pression d'une merveille exquise trop précieuse
« pour être vue et qu'il est permis seulement d'en-
« trevoir (1). »

Le P. Chevrier sentit bien vite la nécessité d'orga-
niser un noviciat régulier pour former l'âme de ses
religieuses à la vie toute d'humilité, de pauvreté, de
dévouement qu'elles choisissent en partage.

Dans un grenier désert, seul endroit un peu retiré

_____

(1) René Bazin.

de la maison, il installa le petit noviciat de façon à le rendre tout à fait indépendant.

Quelle pauvreté ! mais aussi quelle ferveur et quelle admirable préparation !

Le Père voulait des cœurs grands et forts, des volontés courageuses. Le noviciat était une école d'abnégation, un temps de silence, de prière, d'étude d'où les religieuses devaient sortir armées contre le monde, revêtues des livrées du Christ Jésus.

Le saint fondateur les recevait dans le tiers-ordre de Saint-François ; elles en suivaient la règle ainsi que les prescriptions spéciales relatives à leur ministère.

Le noviciat fut ensuite transféré à Limonest, dans la solitude et le recueillement.

Limonest était une propriété appartenant à l'abbé Ferdinand Guy, baron d'Ervieu, missionnaire apostolique qui a couronné une vie toute de dévouement par une mort admirable de sérénité et d'abandon.

Cette propriété fut achetée par des personnes dévouées au Prado et donnée à cette œuvre.

Le P. Chevrier y mit d'abord les enfants en retard pour l'intelligence afin qu'on pût les préparer à loisir à leur première Communion.

Il y fit construire ensuite une maison et une chapelle et y installa une partie de son École cléricale.

Enfin, en 1891, on y a transporté le noviciat des Sœurs. Leur nombre augmentant, il a fallu bientôt après bâtir une maison plus grande et plus appropriée à sa destination.

En quelques années le P. Chevrier avait créé l'Œuvre sacerdotale des prêtres pauvres; fondé l'Ecole cléricale, l'Œuvre de la première Communion pouvant se diviser elle-même en quatre branches :

L'Œuvre des petits enfants,

Celle de la Première Communion proprement dite,

La Persévérance,

Le Cercle pour les grands jeunes gens ;

Et enfin il avait institué des religieuses nourries de son esprit et de sa doctrine toute évangélique.

Tâche immense accomplie par un homme pauvre, dénué de toute ressource humaine et qui n'a passé sur la terre que 53 ans.

Le zèle du P. Chevrier semblait croître à mesure que se faisait plus vivement entendre le cri de la souffrance humaine.

Sa charité infinie, on peut le dire, car elle débordait du cœur de Dieu dans son propre cœur, ne connaissait point d'obstacles. Là où il y avait une misère il fallait la consolation.

Aussi conçut-il le dessein d'établir d'autres religieuses pour le soin des pauvres à domicile.

Voici à ce sujet un résumé de ses propres paroles :

« Je voudrais établir un ordre de Sœurs appelées :
« Petites Servantes des Pauvres. »

« Leur but serait de servir réellement les pauvres.

« On en établirait dans différents quartiers des villes.

« Leurs fonctions seraient d'aller partout où besoin

« serait de soigner les malades, garder les enfants,

« laver le linge, ensevelir les morts.

. . . .

« Aujourd'hui il faut des personnes d'action qui

« instruisent par l'exemple, et exercent la charité

« activement.

« Cette œuvre sera distincte de l'autre congréga-

« tion des sœurs ; elle aura sa supérieure, ses règles,

« son noviciat, etc. »

En 1875 il eut le bonheur d'établir quatre de ses « Petites Servantes des Pauvres ».

Mais quand les admirables sœurs de l'Assomption eurent été installées à La Guillotière, le Prado leur abandonna, au moins pour un temps, ce service des pauvres à domicile pour lequel elles ont été fondées et qu'elles remplissent avec un incomparable dévoue-ment.

Qu'il est doux de saluer au passage ces vierges du Seigneur, fleurs de pureté et d'amour qui ne peuvent éclore que dans le champ trois fois saint de l'Église catholique, qui ne fleurissent qu'à l'ombre de la Croix et au soleil de l'Eucharistie.

Puisque nous avons parlé de Limonest, relatons ici un petit épisode qui, par sa simplicité même, fera ressortir le profond esprit d'humilité et d'oubli de soi-même qui animait la conduite du P. Chevrier.

Depuis longtemps les enfants du saint fondateur désiraient la photographie de leur bien-aimé Père et ne savaient comment faire pour l'obtenir. Chaque fois que l'on abordait cette question, elle était aussitôt élucidée.

En septembre 1878, le P. Chevrier se trouvait à Limonest.

Il voit entrer dans sa chambre deux de ses enfants qui lui disent :

« — Mon Père, veuillez descendre, on vous attend
« pour vous photographier.

« — Que dites-vous là ? qui m'attend ?

« — Le photographe venu exprès de Lyon. Nous
« sommes tous réunis ici, nous tenons à conserver le
« souvenir d'un Père au milieu de ses enfants.

« — Mais vous savez que je n'aime pas ces
« choses-là.

« — Aussi est-ce un sacrifice que nous vous deman-
« dons. Vous ne refuserez pas à notre piété filiale cette
« satisfaction si légitime.

« — Oh ! non, laissez-moi.

« — Sérieusement, mon Père, nous tenons à conser-
« ver votre portrait. Et puis refuser serait un manque
« de charité à l'égard de ces messieurs qui se sont
« déplacés uniquement dans ce but.

« — Enfin, si vous voulez ; mais c'est bien à contre-
« cœur que je cède. »

Charmant dialogue où la tendresse filiale lutte avec l'humilité du saint et finit par triompher.

Le bon Père s'assit devant une petite table sur laquelle était posé son cahier du « Vrai Disciple ».

« Je ne veux pas, dit-il, être représenté tout seul.

« Je veux mon Maître avec moi ! »

Et il prit son crucifix pour le tenir dans sa main.

« Je veux mon Maître avec moi ! » Cette parole ne révèle-t-elle pas l'union intime de son âme avec Dieu ?

Jusque dans les plus petits détails le P. Chevrier voulait s'effacer pour laisser paraître Dieu, réalisant ainsi ce conseil de saint Jean qu'il citait souvent : « *Oportet illum crescere, me autem minui.* » Il faut qu'il croisse et que je diminue.

« A Jésus-Christ tout honneur et toute gloire ; à moi l'effacement et l'oubli. »

C'est ainsi que, grâce à l'ingénieuse affection de ses enfants, les traits du grand serviteur de Dieu ont pu être conservés.

Et cette froide reproduction semble encore prêcher l'amour de Dieu et attirer les âmes à Jésus-Christ par le mouvement si simplement grand de la main qui tient le crucifix comme pour enseigner et bénir encore.

CHAPITRE XV

Les Enfants.

Maintenant arrêtons-nous un instant pour étudier une des preuves les plus touchantes de la bonté du P. Chevrier : ses rapports avec les enfants.

Pour cela nous n'aurons qu'à laisser parler celui qui fut pour tous une vivante incarnation de l'ineffable mansuétude de Notre-Seigneur Jésus-Christ.

A ceux qui osent prétendre que la sainteté est incompatible avec la tendresse ; que les prêtres, les religieuses sont des êtres en qui l'austérité de la vie étouffe les élans du cœur, nous opposerons, d'abord les éloquentes paroles de Bossuet, et les accents de pitié émue et d'amour sincère recueillis sur les lèvres du P. Chevrier.

« Lorsque Dieu forma le cœur et les entrailles de
« l'homme il y mit premièrement la bonté comme le
« propre caractère de la nature divine, et pour être
« comme la marque bienfaisante de cette main dont
« nous sortons.

« La bonté devait donc faire le fond de notre
« cœur et être en même temps le premier attrait que

« nous aurions en nous-mêmes pour gagner les
« autres hommes.

« La grandeur, loin d'affaiblir la bonté, n'est faite
« que pour l'aider à se communiquer davantage. »

Le P. Chevrier disait :

« Nous ne devons pas oublier que nous, prêtres,
« nous sommes les serviteurs de ces petits, de ces
« enfants.

« Nous devons les supporter, être patients avec
« eux, les entourer de sollicitude.

« Ces enfants ont une âme, et cette âme c'est
« l'image de Dieu.

« La mission du prêtre est d'aller aux âmes et de
« les respecter, quelque misérables qu'elles soient.
« Ce sont des pierres précieuses cachées sous l'enve-
« loppe du péché.

« Ah ! si on voyait davantage en ces pauvres
« enfants leurs âmes que Jésus-Christ nous confie, on
« ne se plaindrait pas, on ne se découragerait pas.

« On doit *respecter* les âmes.

« Il faut donner à ces enfants une haute idée du
« prêtre et de son ministère sacré ; leur faire com-
« prendre que le prêtre est plein d'affection, de dé-
« vouement, de bonté.

« La plupart de ces enfants n'ont jamais été
« à l'école du respect. Il faut leur donner des exem-
« ples opposés à ceux dont ils ont eu le triste spec-
« tacle.

« Les enfants font vite la différence ; ils sont sen-
« sibles à une attention, à une délicatesse. Leurs
« âmes s'ouvrent à la souffrance, à l'influence du
« bien. La puissance du *respect* est immense sur ces
« jeunes âmes.

« On doit toujours traiter les enfants avec douceur
« et charité.

« Parmi les éducateurs on trouve des maîtres, des
« maîtresses, mais des pères, des mères qui savent
« prier, attendre, souffrir, il y en a peu.

« Tout est renfermé dans ces mots : soyons pour
« les enfants des pères et des mères.

« Un père et une mère font tout par amour.

« Commençons par nous corriger nous-mêmes
« avant de corriger les autres, et demandons à Dieu
« des cœurs de père et de mère pour conduire nos
« enfants. »

Sont-ce là les paroles d'un cœur fermé à la tendresse ?

L'œuvre des petits enfants que l'on recevait le
jeudi était spécialement chère au P. Chevrier ; il
disait à ses latinistes :

« L'œuvre des petits enfants vous fournit une
« excellente occasion d'exercer votre zèle dans le
« silence et l'humilité.

« Que j'aime à vous voir au milieu de ce petit
« monde ! Quel spectacle ravissant aux yeux de Notre-
« Seigneur !

« Pauvres petits ! On ne leur parle jamais du bon
« Dieu. Quel service vous leur rendez !

« Mais pour cette œuvre il faut du dévouement,
« du courage. Il faut la faire pour l'amour de Dieu
« et des âmes.

« On néglige trop de s'occuper de ces petites âmes
« si capables de recevoir la grâce et la vérité dans un
« cœur innocent. Le seul nom de Jésus invoqué par
« ces âmes innocentes, à un âge où la prière a tant
« d'ingénuité, pourra attendrir le cœur du Divin Maî-
« tre, et raccourcir le règne de l'impiété. Ils oublieront
« tout cela ? peut-être. Mais quand on parlera devant
« eux de Jésus-Christ et de ses ministres, plus d'un
« se souviendra de sa première enfance. »

Le Père voulait que cette œuvre fût le début de
l'apostolat de ses futurs prêtres.

Sa tendre sollicitude s'étendait jusqu'aux pauvres
idiots si souvent rebutés et délaissés. Il désirait que
ses religieuses s'en occupassent avec le même soin et
le même dévouement.

« Voyez-vous, ma Sœur, quand vous n'arriveriez
« à leur enseigner que le signe de la Croix, c'est
« quelque chose.

« C'est le fondement de la religion que vous pla-
« cez en eux. »

Tous ses conseils se sont transmis fidèlement au
Prado, où pas une souffrance ne vient frapper sans
recevoir la consolation.

Lui-même s'occupait avec une vigilance maternelle de tous ses enfants, bien siens, en effet, par l'ardente charité qui l'unissait à eux.

Le soir, longtemps après l'heure du coucher, il passait comme une ombre dans les dortoirs, suivant tous les lits pour s'assurer si chacun avait bien tout ce qu'il lui fallait.

Avait-il dans la journée entendu tousser un enfant ou surpris un indice de fatigue ? le bon Père lui apportait le soir du lait chaud, une infusion, s'informant avec sollicitude s'il était assez couvert, s'il souffrait, etc.

Pour les tempéraments faibles ou maladifs le P. Chevrier avait de touchantes prévenances. Cet homme si dur, si sévère avec lui-même, avait pour les autres une commisération infinie, et des attentions nombreuses que lui suggérait la délicatesse de son cœur.

Quand on entourait ses chers enfants de « petits soins » il en était vivement touché :

« Les égards que l'on a pour eux, disait-il, me « sont beaucoup plus agréables que s'ils s'adressaient « à ma personne, et j'en suis plus reconnaissant que « de ceux que l'on a pour moi. »

Vis-à-vis des malades, sa charité était inépuisable. Lorsqu'il y en avait dans la maison, le Père ne passait pas un seul jour sans aller les voir. Il leur adressait une encourageante parole, un bon sourire ; leur donnait sa bénédiction et les laissait sous le charme de sa bonté.

Souvent il les soignait, les servait, apportant à l'acquittement de ce devoir un grand esprit de foi et une extrême délicatesse.

« Les malades, les infirmes sont la bénédiction « des maisons religieuses. Aussi il est très avanta— « geux que cet emploi ne reste pas vacant.

« D'ordinaire la Providence y pourvoit et nous « fournit ainsi l'occasion de nombreux actes d'humi- « lité, de patience, de charité.

« Il faut user de beaucoup de délicatesse à l'égard « de ceux qui souffrent, les entourer de soins, sup- « porter en silence leurs infirmités, éviter de paraître « mécontent en leur présence dans la crainte de leur « donner à supposer qu'ils nous sont à charge. »

L'exquise bonté de l'homme se révèle tout entière dans ces conseils que nul mieux que lui n'a suivis.

On peut, en effet, affirmer que la bonté fut une des vertus éminentes du P. Chevrier, et peut-être la plus caractéristique de ses qualités.

Bonté naturelle, bonté acquise, bonté surnaturelle, il la possédait à un degré peu ordinaire, la demandant avec une grande foi et une profonde piété.

« *Bonitatem doce me* » : Le Seigneur l'avait exaucé. Il savait que la bonté est en ce monde une des plus grandes puissances et que c'est par elle que s'exerce l'empire sur les âmes.

« Par-dessus toutes choses soyez bons ; la bonté
« est ce qui ressemble le plus à Dieu et ce qui désarme
« le plus les hommes.

« De même que la lumière couronne la puissance,
« la bonté est l'auréole qui termine la lumière et
« déifie son éclat (1). »

Aussi l'influence morale que le P. Chevrier exerçait autour de lui était immense.

Une seule parole suffisait pour vaincre les hésita-
tions et amener le calme dans les cœurs.

On sentait si vivement que sa bonté s'appuyait
sur la Foi et que toutes ses actions émanaient d'un
principe purement surnaturel.

Quand le Père avait parlé, l'obéissance ne coûtait
plus ; sur son avis on était prêt à entreprendre les
choses les plus difficiles et parfois même imprudentes
aux yeux de ceux qui ne jugent qu'au point de vue
humain.

Une preuve manifeste de ce doux empire du
P. Chevrier n'est-elle pas ce long voyage entrepris à
pied, par trois jeunes clercs, pour mener à Lourdes le
P. Jacquier complètement infirme.

Ecoutons-en le récit fait par celui qui fut le chef
de la petite caravane :

« Allez, mes enfants, nous dit le P. Chevrier. Si
« vous faites cela, le bon Dieu vous bénira. Mon
« regret est de ne pouvoir vous accompagner.

(1) P. Lacordaire.

« Huit jours avant j'étais au lit, car ma santé était
« fort délicate.

« Pendant que le prudent entourage du Père nous
« voyait à bref délai dans un hôpital, lui paraissait
« tout heureux de notre détermination et nous
« encourageait.

« Le soir, une lutte violente s'éleva dans mon âme:
« Me déciderai-je à partir ?

« *La parole du Père* triompha de toutes les appré-
« hensions. Le lundi 15 septembre 1873, je me mis
« en route pour Lourdes, plein de courage et d'en-
« train, poussant la petite voiture du malade.

« Le mercredi soir nous étions au Puy, et nous con-
« tinuâmes notre route par Marvejols, Rodez, Albi,
« Toulouse.

« Nous écrivions tous les deux jours ; mais nous
« ne pouvions recevoir de nouvelles de Lyon.

« Ce voyage eut ses péripéties, néanmoins il fut
« plein de consolation, de piété, de gaîté.

« Notre malade était admirable de foi, de patience,
« de résignation.

« La divine Providence nous bénit visiblement, et
« nous arrivâmes à Lourdes après seize jours de
« marche, ayant parcouru 877 kilomètres.

« Le lendemain arrivait le pèlerinage lyonnais
« conduit par NN. SS. de Charbonnel et Dubuis.
« Grandes furent notre surprise et notre joie en
« voyant notre vénéré P. Chevrier.

« Il rayonnait de bonheur lui aussi de nous revoir,
« d'apprendre les détails de notre voyage dans des
« conditions contraires à toutes les règles de la
« sagesse et de la prudence.

« Nous plongeâmes dans la piscine notre cher
« infirme dont les membres redoutaient l'eau
« froide. Les supplications qui s'échappaient de
« l'âme et des lèvres du Père révélaient l'ardeur
« de sa foi.

« Nous n'obtînmes pas la faveur demandée,
« mais notre malade rapporta de Lourdes, avec
« une amélioration sensible, une vraie transforma-
« tion de dispositions morales et une complète rési-
« gnation.

« A Lourdes, certaines personnes faisaient remar-
« quer au Père qu'il mettait notre foi à une rude
« épreuve. — Ne craignez-vous pas, lui disait-on, si
« ces jeunes gens ne sont pas exaucés, de les exposer
« à perdre une partie de leur foi ?

« — Oh ! répondait le Père avec grande humilité
« et simplicité, oh ! non ; je connais mes enfants. Ils
« savent comme moi que si le bon Dieu n'accorde
« pas ce miracle, c'est qu'Il ne daignera pas le faire :
« mais sa puissance et sa bonté n'en seront point
« amoindries à nos yeux, ni dans notre cœur. Il ne
« permettra pas que notre foi soit diminuée, et en
« récompense de cet acte de charité Il l'augmentera.

« Je puis dire à la gloire de Dieu et de sa divine

« Mère qu'en effet, j'ai senti en mon âme *une*
« *augmentation de foi* et que ma vocation a été cer-
« tainement affermie. »

Puissance admirable de la sainteté de la Foi et de
la Charité ?

Rien n'est impossible à qui s'appuie sur Dieu.
« Je puis tout en Celui qui me fortifie (1). »

(1) Saint Paul.

CHAPITRE XVI

Le Père Chevrier dans sa vie intime.

Quand Dieu eut achevé la merveille de la création, quand d'un mot il eut jeté dans l'espace des mondes la lumière et la vie, Il s'arrêta.

Et, semblant réunir sa Toute-Puissance dans un acte d'amour infini, Il créa l'âme et la fit immortelle.

Dans cette âme Il mit l'empreinte ineffaçable de sa divinité, et comme un reflet de sa grandeur, de sa majesté.

Puis, lorsque l'âme se fut éloignée de son Dieu, il ne fallut pas moins que le sang de ce Dieu lui-même pour la sauver.

L'homme n'est grand que par son âme : c'est elle qui se révèle par les paroles, les actions, les écrits, et tout l'ensemble de la vie extérieure.

Mais cette vie extérieure n'est justement que l'écho d'une vie plus noble dont elle procède : *la vie de l'âme*. Il n'en est ni de plus belle, ni de plus féconde.

Nous avons suivi le P. Chevrier dans les manifestations admirables de la vie intime ; il faut essayer maintenant de pénétrer au cœur de cet asile sacré où

siègent la Beauté, la Justice et l'Amour, de *voir l'âme*
rayonnante de sainteté sous le souffle d'en Haut qui
l'anime et la vivifie.

La Foi est le principe des autres vertus. On espère,
on aime, on souffre parce que l'on croit.

Le P. Chevrier croyait. Il possédait une foi ardente,
sincère, incapable de défaillance ; une foi fondée sur
l'Évangile et sur l'Église.

Ses plus petites actions révélaient la grandeur de
sa foi : il n'agissait que sous son inspiration, toujours guidé par cette lumineuse étoile qui éclaire les
plus sombres ténèbres.

« Oh ! mes enfants — s'écriait-il — que c'est beau
« la foi ! Un homme qui a la foi peut faire des prodi-
« ges. Il traverse la vie sans crainte et va droit au
« but. O Verbe ! O Christ ! mettez en moi une grande
« foi en vous. »

C'est surtout dans la prière que se manifestait la
foi du P. Chevrier.

Prosterné devant le tabernacle, il ne voyait et n'entendait plus que Dieu, voilé à ses regards humains,
mais visible à son âme inondée des clartés de la foi.

Son recueillement et parfois son émotion pendant
qu'il célébrait le saint Sacrifice révélaient la puissance de sa foi. Nul ne saura jamais les transports
d'amour qui devaient embraser son cœur au moment
où, à sa voix, le Sauveur du monde descendait entre
ses mains consacrées.

Aussi le mystère de l'Incarnation sans cesse renouvelé sur nos autels, passionnait-il son âme qui débordait d'amour et de reconnaissance.

Lorsqu'il parlait de ce grand mystère on était sous le charme de ses paroles ; de son cœur s'échappaient des ravissements comme cette belle prière :

« O Christ que vous êtes beau ! que vous êtes « grand ! »

Il disait :

« Jésus-Christ Verbe Incarné, c'est la lettre vivante « que Dieu a envoyée au monde, et le monde ne la sait « pas, ne la lit pas, ne veut pas la lire. Oh ! il faut la « lire à genoux avec un grand respect, il faut étudier « Jésus-Christ et l'aimer. »

. Etudier Jésus-Christ pour que la foi grandisse toujours davantage, fasse croître les vertus : c'est le résumé de la vie du P. Chevrier.

Il l'a passée l'Évangile à la main.

Son seul désir était de connaître Jésus-Christ pour l'aimer et le faire aimer.

En remettant à ses latinistes *Les Évangélistes Unis* de Mastaï Ferreti, traduits par Mgr Léséleuc, il leur disait :

« Mes enfants, c'est un trésor que je vous donne.

« Etudiez le saint Évangile. Lisez et relisez sans « cesse ce livre divin, vous y trouverez la sainteté et « la vie pour vous et pour les âmes.

« C'est le livre qui a formé les saints.

« Nous trouvons dans l'Évangile tout ce qui peut
« être nécessaire à notre âme, toutes les lumières dont
« nous avons besoin. Il y a une réponse à tout. Que
« c'est triste que ce livre divin soit si peu lu, si peu
« compris, si peu goûté. »

Mais lui, disciple de Jésus-Christ, il ne vivait que
par l'Évangile, s'appliquant à devenir une copie
vivante du divin Modèle que chaque jour il étudiait
avec amour et simplicité.

Une âme de foi comme celle du P. Chevrier devait
être animée d'un grand esprit surnaturel.

En toute vérité il pouvait dire avec saint Paul :

« Ce n'est plus moi qui vis, c'est Jésus-Christ qui
« vit en moi. »

Ses réflexions sur cet esprit surnaturel vont nous
apprendre à quel degré il le possédait et quel était le
souffle qui vivifiait ses œuvres.

« Qui sont ceux qui ont l'esprit de Dieu ?

« Ce sont ceux qui ont prié beaucoup et l'ont
« demandé longtemps. Ce sont ceux qui ont étudié
« le saint Évangile, les paroles et les actions de
« Notre-Seigneur, qui ont vu comment les saints
« agissaient et conformaient leur vie à celle de Jésus-
« Christ ; qui ont travaillé à réformer en eux ce qui
« était opposé à l'esprit de Notre-Seigneur. Celui qui
« a vraiment l'esprit de Dieu ne dit rien de lui-même,
« ne fait rien de lui-même. Tout ce qu'il dit, tout ce
« qu'il fait repose sur une parole ou une action de

« Jésus-Christ, qu'il a pris pour fondement de sa vie.

« Jésus-Christ est sa vie, son principe et sa fin.

« Il ne se laisse conduire ni par lui-même, ni par
« le raisonnement, mais par *la Foi* et l'Esprit-Saint
« qui agit en lui.

. . . .

« L'Esprit de Dieu ! c'est le plus grand trésor que
« Dieu puisse accorder à quelqu'un que de le lui
« donner.

« Demandons-le à Dieu et ne cessons de le deman-
« der pour nous et pour les autres.

« Mais ne nous faisons pas illusion : pour l'obte-
« nir, il faut continuellement lutter contre sa nature,
« ses penchants, ses préjugés, sa science quelque-
« fois, et aussi contre le monde qui ne le comprend
« pas.

« Il n'y a que Dieu qui nous donne son esprit, et
« on ne peut le posséder sans l'avoir acheté.

« Il faut s'occuper beaucoup plus de l'intérieur
« que de l'extérieur. Le second sans le premier, c'est
« un corps sans âme. Il faut avant tout mettre la
« *Foi*, l'amour de Dieu, la sève intérieure.

« Jésus-Christ s'occupait constamment de la for-
« mation intérieure de ses Apôtres. Il leur inculquait
« les grands principes de la vie évangélique. Il dit :
« Suis-moi. »

« Il faut se donner soi-même en spectacle au monde
« en vivant pauvrement, saintement, à l'exemple de

« Jésus-Christ. Alors on convertira le monde. La
« prédication, la prière, la souffrance, la grâce,
« voilà les vrais moyens...

« Beaucoup ne pensent qu'à l'écorce, ne jugent
« que par l'écorce.

« Il faut de l'écorce pour la sève, mais qu'est-ce
« que l'écorce sans sève ? un arbre mort.

« Il faut protéger l'écorce, mais il faut surtout
« soigner l'arbre pour avoir une sève forte, vivi-
« fiante, et l'arbre sera beau et vigoureux. »

Ces pensées si justes et si vraies forment le portrait moral le plus exact que l'on puisse tracer du
P. Chevrier.

Avec une rare perfection il a pratiqué ces conseils
de *vie de foi*.

Il était bien l'arbre vigoureux qui produit des
fruits de salut, parce que la sève intérieure de l'esprit
surnaturel était forte et abondante.

Comme devise sacerdotale, le P. Chevrier avait
pris ces trois mots :

« La Crèche ! Le Calvaire ! Le Tabernacle ! »

« Les saints, dit-il, tiraient leurs inspirations et
« leurs pensées de l'amour infini de Dieu. Ils les trou-
« vaient dans la Crèche, le Calvaire et les Taber-
« nacles qui sont les grands flambeaux à la lueur des-
« quels un véritable disciple de Jésus-Christ doit se
« conduire. »

Flambeaux qui rayonnent sans cesse sur le monde

et que le monde ne voit pas alors qu'il devrait être embrasé par l'amour qui les alluma dans la pauvreté, la souffrance, l'anéantissement.

Pour le P. Chevrier, l'idéal du prêtre était la réalisation des enseignements personnifiés dans cette trinité de souffrance qui commence avec Jésus Enfant, s'immolant dans sa *Crèche* pour le suivre dans le sacrifice suprême du *Calvaire* se perpétuant à tout jamais au sein du *Tabernacle*.

Sur les murailles de sa chère solitude de Saint-Fons, l'apôtre du Prado a tracé ce splendide résumé du ministère sacerdotal qu'on ne saurait assez admirer:

SACERDOS ALTER CHRISTUS

Verbum caro factum est et habitavit in nobis.

Exemplum dedi vobis, et quemadmodum ego feci, ita et vos faciatis.

| CRÈCHE | | CALVAIRE | | TABERNACLE | |
PAUVRETÉ		MORT A SOI-MÊME		CHARITÉ	
PAUVRE	HUMBLE	MOURIR	S'IMMOLER	DONNER	DONNER LA VIE
dans le logement	d'esprit	à son corps	par le silence	son corps	par sa foi
le vêtement	de cœur	à son esprit	la prière	son esprit	sa doctrine
la nourriture	vis-à-vis	à sa volonté	le travail	son temps	ses paroles
les biens	de Dieu	à sa réputation	la pénitence	ses biens	ses prières
le travail	des hommes	à sa famille	la souffrance	sa santé	ses pouvoirs
le service	de soi-même	et au monde	la mort	sa vie	ses exemples
Plus on s'abaisse, plus on glorifie Dieu		*Plus on est mort, plus on a la vie.*		*Il faut devenir du bon pain.*	
Plus on s'abaisse, plus on est utile au prochain.					
LE PRÊTRE EST UN HOMME DÉPOUILLÉ.		*LE PRÊTRE EST UN HOMME CRUCIFIÉ.*		*LE PRÊTRE EST UN HOMME MANGÉ.*	

Quelle sublime révélation de l'intime de l'âme de ce vrai prêtre du Christ !

Comme il comprenait toute l'importance de la vie intérieure.

« Il ne faut pas travailler pour la terre — répétait-
« il à ses élèves —nos pieds seuls doivent l'effleurer.
« Nous devons nous inspirer des pensées de la *Foi*,
« surnaturaliser notre vie, nos actions,et travailler à
« surnaturaliser les autres.

« Nous devons être des hommes spirituels.

« La dignité du prêtre est dans le caractère et la
« sainteté, dans l'austérité et la simplicité. Elle con—
« siste à suivre Jésus-Christ. C'est son invitation
« pressante : « Je vous ai donné l'exemple afin que
« vous fassiez ce que j'ai fait moi-même (1). »

Ce profond esprit de foi qui animait toujours le P. Chevrier se révélait plus particulièrement encore dans l'administration des sacrements et dans ses rapports avec les fidèles.

Avant d'entrer dans le confessionnal il restait quelques secondes à genoux, les yeux fixés sur le tabernacle, remplissant son cœur des trésors de la Miséricorde infinie qu'il allait répandre sur les âmes.

Lorsqu'il distribuait la sainte Communion, on lisait sur son visage le bonheur de donner Jésus-Christ.

Ni lenteur, ni précipitation, mais une grande dignité.

(1) Saint Jean, XIII, 15.

« J'ai vu — écrit un de ses disciples — en plusieurs
« circonstances certains assistants connus par leur
« indifférence, et même leur impiété, être vivement
« impressionnés en le voyant administrer le sacre-
« ment d'Extrême-Onction à un malade, ou être pro-
« fondément remués par une parole de *foi* qu'il avait
« su trouver dans son cœur. Je les ai entendus mani-
« fester leur admiration pour la manière élevée et
« pieuse dont le Père s'acquittait des fonctions
« saintes.

« Plusieurs conversions ont été opérées par ce
« simple spectacle d'édification. »

De ce grand esprit surnaturel découlait l'amour des
âmes qui — ainsi que nous l'avons déjà dit — faisait
du P. Chevrier un apôtre.

Mais il avait une tendresse particulière pour les
pécheurs. Il aurait voulu chercher un à un ces pauvres
égarés et les ramener dans la voie du salut. Il leur
consacrait son temps, sa vie, et ne les rebutait jamais :
son cœur paternel savait adoucir la rigueur de ses
remontrances.

La Foi, en lui faisant comprendre vivement ce que
c'est qu'une âme et ce qu'elle vaut aux yeux de Dieu,
lui inspirait un zèle de feu pour les sauver et les rendre
à Jésus-Christ.

Combien lui doivent leur conversion, les consolations suprêmes et la grâce d'une mort chrétienne.

Pour sanctifier les autres il faut se sanctifier soi-même, et l'on ne parvient à la sainteté qu'en *marchant* sur sa nature.

Toute la vie du P. Chevrier n'a été qu'un long crucifiement, qu'une lutte continue ; il a *marché* sur sa nature et il l'a vaincue.

Nous avons vu dans quelle mesure vraiment héroïque il a pratiqué l'austère vertu de pauvreté, se détachant de tout pour se donner sans réserve au dénûment, à l'humilité, à la mortification.

Le renoncement était son pain quotidien. Jésus-Christ n'a-t-il pas dit :

« Que celui qui veut être mon disciple se renonce lui-même, qu'il prenne sa croix et qu'il me suive. »

Les paroles que nous trouvons dans son « Vrai Disciple » donnent une haute idée de sa vertu et des sentiments qu'il éprouvait.

« Celui qui a renoncé à son corps en accepte les « misères journalières avec humilité et soumission à « la volonté de Dieu. Il ne se plaint pas, il évite les « recherches de soi-même. »

Et dans son règlement de vie écrit à la « Cité de l'Enfant-Jésus » il dit :

« Je tâcherai de me conformer à la pauvreté de « Jésus-Christ, et dans ce but :

« Je renonce à la possession de tous les biens de « la terre ; je renonce à tout ce qui sent la recherche « dans les vêtements, le logement, la nourriture. Il « faut que chez moi tout respire la nudité de la Crèche.

« Je me rapprocherai le plus possible de l'exté-
« rieur des Capucins en gardant le costume noir du
« clergé séculier.

« Puissent seulement ces signes extérieurs ré-
« pondre à une pauvreté intérieure véritable.

« Puisse ma pauvreté ressembler en tout à celle
« de Jésus-Christ. »

Et toujours fidèle disciple de l'Evangile, le Père
appuie ses résolutions sur l'exemple du divin Maître
et sur ses préceptes.

Mais si le P. Chevrier savait pratiquer les grandes
vertus, et montrer dans l'accomplissement des conseils évangéliques une générosité admirable, il savait être aussi fidèle dans les plus petites choses.

Sa conduite extérieure laisse supposer qu'il devait
surveiller scrupuleusement les mouvements de la
nature pour ne laisser aucune prise aux impressions
premières, et correspondre à la grâce.

Sa délicatesse de conscience apparaissait en toutes
choses, aucun détail, quelque minime soit-il, n'était
indifférent pour lui qui agissait toujours avec *esprit
de foi*.

S'appliquer à bien faire même les plus petites
choses, éviter les moindres imperfections était l'une
de ses règles de conduite, étant toujours pénétré de
la présence de Dieu et vivant sous son regard.

Préoccupé toujours de cette pensée de Dieu, le
P. Chevrier aimait à parler des saints, surtout de la

sainte Vierge, à citer leurs maximes, à les invoquer.

Il voulait qu'on initiât les âmes à la science des Saints.

Il rappelait que l'on doit honorer le Saint dont on porte le nom et s'efforcer de reproduire ses vertus.

« Instruisez bien les enfants de ce double devoir
« en leur expliquant l'origine et la signification du
« nom de baptême. Il faut leur apprendre de bonne
« heure qu'il y a communion entre le ciel et la terre,
« que nous ne sommes pas ici-bas délaissés, mais
« que nous avons de bons protecteurs et de beaux
« modèles pour accomplir notre voyage et arriver
« au ciel. »

Le ciel ! Son visage était rayonnant quand il en parlait ; sa belle âme, si éprise des charmes de Jésus-Christ, tressaillait d'allégresse à la pensée des clartés inénarrables qui nous sont réservées dans le ciel, où nous oublierons les tristesses de la terre en contemplant dans l'extase la beauté de Notre-Seigneur.

« O douce Vierge Marie — lisons-nous dans ses
« réflexions sur les mystères du Rosaire au second
« mystère glorieux — ô douce Vierge Marie, j'en-
« tends votre voix nous dire avec bonté : Encore un
« jour de patience et de travail et voici le repos éter-
« nel.

« Courage, mon enfant, porte la Croix avec allé-
« gresse, monte comme le Sauveur sur la montagne
« du Calvaire, et après tu graviras la montagne du

« ciel où tu auras toute l'éternité pour te reposer
« auprès de moi des fatigues de l'exil. »

Et ailleurs :

« A notre mort notre âme sera reçue par Dieu.
« Quel bonheur de le contempler, de nous reposer
« en Lui. »

Déjà sur la terre le P. Chevrier commençait à réaliser cette union avec Dieu par sa vie de prière. Et c'est dans cette union si intime avec Notre-Seigneur qu'il a puisé la « sève intérieure » qui a vivifié ses œuvres.

Chaque jour il pénétrait davantage dans le cœur de son Maître par l'oraison et la contemplation. Il y découvrait les trésors de son amour et de sa grâce ; il s'oubliait lui-même pour se perdre en Dieu, ne faire qu'un avec Lui.

Et Jésus remplissait sa divine promesse faisant de l'âme de son serviteur le lieu de sa demeure.

« Si quelqu'un m'aime il gardera mes commandements et mon Père l'aimera et nous viendrons en lui et nous ferons en lui notre demeure (1).»

Sublime récompense de la Foi et de l'Amour.

« La raison fait l'homme, la Foi fait le chrétien ;
« la raison nous mène au bord de l'infini, la Foi
« nous donne Dieu tout entier (2). »

(1) Saint Jean, XIV, 21.
(2) Père Lacordaire.

Le P. Chevrier possédait Dieu tout entier : c'est pourquoi il fut un saint.

Il avait une dévotion spéciale à la récitation du bréviaire. On sentait que son grand cœur se dilatait dans cet office, que sa belle âme s'y reposait. Il priait avec dignité, attention, piété et surtout grand *esprit de foi*.

On voyait qu'il était pénétré de la fonction qu'il remplissait. Son recueillement révélait sa religion intérieure.

Son âme se complaisait dans la méditation du texte sacré dont les pensées et les sentiments étaient pour elle un précieux aliment.

Occupé, poursuivi comme il l'était à toute heure du jour, le Père disait son bréviaire, quand il le pouvait ; en quelque sorte à la dérobée.

Malgré cela il était immédiatement recueilli et sous l'action divine.

Un jour le bon frère Jacques, qui avait inutilement parcouru toute la maison sans trouver le P. Chevrier, finit par le rencontrer dans une cellule où le pauvre Père s'était réfugié pour essayer de prier en repos.

« — Mon Père, on vous attend au parloir et au con-« fessionnal.

« — Mais mon pauvre ami, répond doucement le « Père qui semblait extenué, ne me laisserez-vous « donc pas une minute pour parler au bon Dieu « et dire mon bréviaire : j'ai tant besoin de prier.

« — Ah ! mon Père, je le regrette. Que voulez-
« vous : chrétien pour soi, on est prêtre pour les autres.

« — C'est vrai, mon ami ; je vous demande par-
« don et vous remercie. J'y vais. »

Ravissant colloque, dans lequel on ne sait ce qu'il
faut le plus admirer, ou de l'humilité et de l'obéissance du Père, ou de la foi naïve et de la piété de
son interlocuteur.

Le Père retint cette parole comme une leçon de la
Providence, comme un rappel à l'ordre : « Le prêtre
est un homme mangé. »

Il nous paraît presque inutile de rappeler ici
quel était le culte de respect et d'affection dont le
P. Chevrier entourait sa mère.

Prêtre, il était toujours resté le fils soumis des premières années. Il avait pris sa mère avec lui au Prado,
et le caractère de Mme Chevrier n'était pas toujours
facile.

Elle voulait encore traiter son fils comme un
« petit garçon » et lui imposer ses volontés.

Jamais le Père ne se départit envers elle de ses
sentiments empreints de foi et de tendresse.

Doucement il essayait de lui faire comprendre
qu'avant tout il se devait à son ministère pour réaliser
son admirable mot d'ordre : « Dieu et les âmes (1). »

Pour étudier complètement la vie intérieure

____

(1) Mme Chevrier eut la douleur de voir mourir son fils. Ce fut
au milieu de sa famille spirituelle qu'elle s'éteignit six ans plus tard.

du P. Chevrier, il faudrait y consacrer un volume tout entier.

Pour révéler ces merveilles de la grâce et de la fidélité à la grâce, que la parole est froide et la plume impuissante !

L'âme du P. Chevrier vivait de foi, de confiance, d'abandon.

Son cœur ne battait que pour l'amour de Dieu et des âmes, des pauvres, des petits, des souffrants. Et son corps, immolé dans la pénitence, la pauvreté, l'anéantissement, n'était plus qu'un serviteur docile travaillant avec zèle pour l'Eglise et la plus grande gloire de Dieu.

Le P. Chevrier a fait d'admirables choses, mais il ne les a faites que parce qu'il était le disciple de Jésus-Christ et de l'Evangile, et le fils de l'Eglise catholique.

CHAPITRE XVII

Dernière maladie. — Mort du P. Chevrier. Les funérailles.

L'heure arrivait où le vaillant champion de Jésus-Christ et de l'Eglise allait quitter le lieu du combat pour recevoir le prix de sa victoire.

En 1878 une grave rechute de la maladie du P. Chevrier jeta la crainte dans le cœur de ses enfants qui le savaient atteint d'un ulcère à l'estomac.

« — Père, lui dit un jour son médecin et ami, ce sont « les excès de table qui vous ont mis dans cet état. »
Le Père regarda M. Levrat comme pour l'interroger.

« — Oui, je parle sérieusement. A table on peut « commettre deux genres d'excès : l'un consiste à « trop manger, l'autre à ne pas manger assez. »

« — Il se peut que vous ayez raison ; mais que « voulez-vous, je n'ai pas le temps. On vient à moi à « toute heure. Je ne peux pas renvoyer ces pauvres « gens sans les réconcilier avec Dieu et je laisse « passer les repas. »

« Ainsi, ajoute M. Levrat dans son rapport sur

« la maladie du P. Chevrier, ce sont les jeûnes trop
« nombreux qui ont causé sa mort prématurée. Il
« passait quelquefois vingt-quatre heures sans rien
« prendre. Il fallait que son estomac fût exception-
« nellement fort pour supporter de pareilles irrégula-
« rités. »

De nouveau les eaux de Vichy furent ordonnées.
Le Père s'y rendit par obéissance avec un extrême
regret.

Nulle amélioration n'en résulta pour lui-même ;
seulement là-bas, comme partout, environné de cette
auréole de sainteté qui resplendit même en ce monde
sur le front des serviteurs du Christ, le P. Chevrier
sut gagner des âmes à Dieu par l'influence bénie de
sa profonde humilité et de sa bonté constante.

Le 30 octobre 1878 le P. Chevrier célébra la
sainte Messe pour la dernière fois. Puis il se mit au
lit pour ne plus le quitter.

Personne n'ignore les atroces souffrances que produit l'ulcère de l'estomac.

Pendant un an le Père va les éprouver sans trève
et sans repos.

Jusqu'alors il a marché en portant sa Croix, maintenant il s'étend sur cette Croix et s'y laisse clouer
dans l'immobilité de la douleur.

Sa vie avait été le chemin du Calvaire, aussi pou-
vait-il dire : « Me voici à la onzième station, la dou-
« zième n'est pas loin : Dieu soit béni. »

Un nouvel essai fut tenté pour arracher le saint prêtre à la mort.

M. le docteur Emery, un de ses amis, qui avait fondé l'hôpital homéopathique de Saint-Luc, y installa le Père et le garda trois mois.

Il édifia tout le monde par sa résignation, son complet abandon entre les mains de Dieu et sa patience à souffrir.

La faiblesse augmentait ; le Père parlait peu : son âme entière se réfugiait dans son regard et dans son sourire, et l'on pressentait que de jour en jour elle montait vers Celui qui l'appelait.

Les prières les plus ferventes et les plus touchantes s'élevaient sans cesse vers le Ciel pour obtenir la guérison d'un si bon Père.

Il le savait, en était vivement touché et reconnaissant. Il avait si bien su toute sa vie pratiquer la reconnaissance, cette vertu des cœurs délicats.

N'est-ce pas lui qui disait à ses enfants :

« Il faut être compatissant aux souffrances des
« autres ; témoigner aux personnes qui nous font
« du bien une sympathie profonde, leur montrer
« que nous ne sommes pas indifférents ni ingrats.
« Il faut prier pour eux, s'intéresser à eux et leur
« rendre tous les services dont nous sommes capa-
« bles. »

Aussi pendant le cours de sa maladie, il ne cessa

de remercier ses enfants qui se faisaient un honneur de le soigner, de leur demander pardon pour la peine qu'il leur donnait.

Parfois même au milieu de ses vives souffrances, il se montrait joyeux, voulant ramener un sourire sur les visages que l'angoisse attristait.

« Que Dieu, répétait-il, récompense la charité
« de ceux qui prient pour moi ; mais que sa volonté
« soit faite.

« — Nous avons tant besoin de vous, Père, ne
« nous quittez pas !

« — C'est vrai, mes pauvres enfants ; mais il est
« préférable de se soumettre pleinement à Dieu.
« Laissons-le faire. Il vous est peut-être plus utile
« que je m'en aille. »

N'aurait-il pas pu ajouter comme le Sauveur : « Je
« vais vous préparer une place dans le royaume de
« mon Père. »

Le mieux ne se produisant pas, le P. Chevrier voulut revenir au Prado dans son humble cellule au milieu de tout ce qu'il aimait.

Son crucifix entre les mains il priait continuellement, uni à Jésus souffrant qui, chaque jour, venait consoler et fortifier par la sainte Communion l'âme de son disciple.

Pendant ses longues souffrances, le Père méditait les sept paroles du Sauveur sur la Croix. Lentement il les répétait, s'arrètant à chacune d'elles et semblant

Chambre du P. Chevrier.

Le lit. — L'armoire. — La vitrine où sont renfermés les objets lui ayant appartenu.

puiser dans cette prière un amour plus ardent et plus abandonné.

Le 16 avril il eut le bonheur de recevoir l'Extrême-Onction des mains de Mgr Dubuis, son fidèle ami.

« Maintenant, dit-il, je puis me présenter devant
« le bon Dieu. »

Au mois de juin les médecins, espérant qu'un changement d'air lui serait favorable, envoyèrent le Père à sa Providence de Saint-André à Limonest.

Soumis à toutes les volontés il consentit à s'y rendre. Il n'y devait trouver ni la guérison ni même le soulagement.

Il suivait avec sollicitude les luttes de l'Eglise contre ses ennemis, le combat perpétuel du bien et du mal.

C'était le moment où l'on parlait ouvertement de l'expulsion des religieux qui eut lieu l'année suivante, et son cœur s'inquiétait de l'avenir de son œuvre.

Il s'en inquiétait surtout au point de vue des difficultés intérieures qui pouvaient survenir. « Notre
« Prado vivra s'il conserve son esprit ; il continuera
« à faire du bien aux déshérités du monde, ce qui est
« sa mission.

« Malheur à lui s'il perdait l'esprit de pauvreté
« et d'humilité ! celui de charité ne leur survivrait
« pas longtemps, et alors notre pauvre Prado n'au-
« rait plus sa raison d'être. »

Voulant assurer l'avenir de son œuvre, et comprenant que sa fin approchait, il se démit humblement et simplement de son titre de supérieur, et légua cette charge, qu'il avait si parfaitement remplie, à l'un de ses enfants.

Son choix se porta sur M. l'abbé Duret, disciple de la première heure, formé par le P. Chevrier à cet esprit évangélique, base de la vie sacerdotale (1).

Alors le bon Père, dans un acte de suprême abandon et d'entière confiance, remit l'Œuvre et les ouvriers à la miséricorde de Dieu, espérant tout de sa bonté et rien de lui-même.

Les progrès du mal augmentaient ; les souffrances devenaient plus vives.

Jésus-Christ faisait passer son serviteur par le creuset de la douleur pour donner un éclat plus vif à l'or de sa sainteté.

Il voulait en quelque sorte embellir encore cette âme si belle et la purifier de toute imperfection, pour que la mort ne fût que le passage d'une vie périssable à la vie éternelle.

Mais, à mesure que montait le flot de la souffrance,

(1) Pendant 12 ans, M. Duret continua l'œuvre du saint fondateur, puis elle passa entre les mains de M. l'abbé Broche, le supérieur actuel du Prado, lui aussi l'un des premiers prêtres de l'Œuvre, et choisi par le P. Chevrier comme supérieur de la petite communauté des diacres à Rome.

M. Duret est maintenant curé de Notre-Dame des Anges, une des plus pauvres paroisses de Lyon, confiée à l'Œuvre du Prado.

le malade révélait les trésors de vertu acquis pendant de longues années de luttes et de sacrifices.

Pas une fois on ne l'entendit se plaindre ni donner le plus léger signe d'impatience ou de mécontentement.

Une grande union à Dieu, une suavité touchante, une patience inaltérable.

Sa vue était vraiment un exemple, et le plus efficace des enseignements.

Bientôt les vomissements devinrent fréquents, et enfin l'hémorragie se produisit.

Il dit alors :

« C'est cela que j'attendais ; maintenant ma fin
« est proche. »

Il voulut redescendre au Prado, désirant y mourir. C'était son champ de bataille, le poste que le Seigneur lui avait confié : il voulait y tomber les armes à la main.

De nouveau on étendit le Père sur son misérable grabat, entre ces murs qui avaient abrité trente années de labeur, de prière, d'épreuve, de pauvreté.

Trois jours encore il souffrit sans rien perdre de son calme et de sa paix.

Quand les souffrances devenaient plus aiguës, il disait :

« On instruit les âmes par la parole, on les sauve
« par la souffrance. »

Peu à peu, le Père n'eut même plus la force de

prier. Il demanda qu'on lui répétât les sept paroles de Jésus en croix.

L'heure suprême approchait.

Une dernière joie était réservée au Père expirant : le général des Capucins lui envoya, au nom de Léon XIII, la bénédiction apostolique.

Autour de lui ses prêtres se réunirent pour s'unir au sacrifice de leur bien-aimé Père et recevoir sa dernière bénédiction.

C'était le jeudi 2 octobre 1879.

Un grand recueillement enveloppait le mourant ; une paix intense se reflétait de son cœur sur son visage.

A quatre heures du soir, il joignit les mains, leva son regard en haut et trois fois il dit : « Le Ciel ! le Ciel ! le Ciel ! »

Ce furent ses dernières paroles.

A neuf heures, le P. Chevrier expirait doucement au milieu des prières et des larmes de ceux qu'il avait conduits à Jésus-Christ.

« Alors — nous dit un des témoins de cette bien-
« heureuse mort — à l'angoisse, à la crainte qui
« étreignaient nos cœurs quelques instants aupara-
« vant en songeant que nous allions être séparés de
« notre protecteur, succéda une paix, une consola-
« tion ineffables.

« Notre Père n'était plus et nous le sentions là,
« présent au milieu de nous, semblant nous pro-

« mettre la perpétuité de son Œuvre qu'il nous avait
« léguée. »

On revêtit le corps du saint prêtre de la bure du
Tiers-Ordre de Saint-François, et pendant trois
jours, il fut exposé dans une des salles de la maison,
transformée en chapelle ardente.

Une fois de plus, la parole de Notre-Seigneur
devait se réaliser : « Celui qui s'abaisse sera élevé. »

La mort de cet homme si humble, si désireux de
passer inaperçu au milieu du monde, fut un triomphe.

Le triomphe de la Foi, de la Charité, de la Vérité.

Un cri s'éleva dans ce pauvre quartier que le
P. Chevrier avait aimé, évangélisé :

« Le Saint est mort ! Le Saint est mort ! »

De tous les points de la ville, riches et pauvres,
confondus dans un même sentiment de vénération
et de regret, vinrent apporter un dernier hommage
de reconnaissance à la dépouille vénérée de l'apôtre.

Chacun voulait faire toucher une médaille, un chapelet à ces mains sacerdotales qui avaient tant de fois
absous et béni.

Le 9 octobre, les funérailles eurent lieu à l'église
Saint-Louis, présidées au nom de Son Em. le cardinal
Caverot, par M. Richoud, alors vicaire général.

Trois cents prêtres en habits de chœur accom-
pagnaient le cercueil sur lequel l'étole et le surplis
rappelaient quelle était la haute dignité du défunt :
prêtre de l'Église catholique.

Une foule immense venait ensuite, composée surtout de ceux qu'à l'exemple du Maître le disciple avait tant aimés : les pauvres, les ouvriers, les petits.

Sur tous les visages, on lisait la douleur d'avoir perdu un Père.

Après la cérémonie religieuse, le corps fut ramené à la petite chapelle du Prado et inhumé presque au pied de l'autel.

C'était là, en effet, qu'il devait reposer en attendant le grand réveil.

Là, que de grandes grâces et des faveurs particulières allaient être obtenues par l'intercession du bon Père dont la prière durant sa vie mortelle était déjà si puissante sur le cœur de Dieu.

Là enfin, que ses enfants devaient le retrouver encore, et, s'agenouillant chaque jour sur son tombeau, continuer sa mission et son œuvre.

BEATI PAUPERES

Au milieu de notre siècle pétri d'égoïsme, avide de plaisirs, de jouissances, de luxe, Dieu a voulu faire resplendir l'étoile de la pauvreté et ressusciter pour ainsi dire l'exemple de son Divin Fils : le P. Chevrier a paru parmi nous.

Humble prêtre de l'Eglise, il a regardé son Maître le Seigneur Jésus ; il l'a vu pauvre, abandonné, méprisé, livré à la souffrance et à la mort ; il a entendu la plainte des petits et des misérables.

Alors, mettant la Foi et l'Amour au sommet de sa vie, il s'est fait lui-même volontairement pauvre, dépouillé, pour se rapprocher davantage de tous les déshérités et leur tendre la main.

Et Dieu a béni cet homme dont la prédication la plus puissante était l'exemple ;

Il a béni ses enfants qui marchent vaillamment sur ses traces ;

Il a béni son Œuvre parce que, dix-neuf siècles écoulés, le Sauveur du haut de la Croix a dit :

« Bienheureux les pauvres. »

Cette parole est tombée sur le monde, elle en a renouvelé la face.

Ceux qui sont pauvres, sourient d'espérance à cette promesse divine ; ceux qui sont riches et qui croient en Jésus-Christ deviennent pauvres pour être eux aussi : bienheureux.

La pauvreté est devenue une des vertus les plus chères de l'Eglise.

Elle en a fait un des trois vœux sacrés qui rendent la vie des religieux semblable à celle des anges.

Elle l'a exaltée dans ses saints, chantée dans ses offices, proclamée dans ses lois.

Dépositaire de la doctrine de son Dieu, elle l'a béatifiée : « *Beati Pauperes*. »

Depuis qu'elle a été dite cette parole, que beaucoup n'ont pas comprise et ne comprendront pas, on a vu les rois et les fils de rois, les grands de la terre, les puissants et les riches, abandonner leurs couronnes, leurs sceptres et leur or pour devenir *des pauvres*.

Voilà dix-neuf cents ans que ce spectacle se renouvelle au sein de l'Eglise catholique ; il s'y renouvellera toujours, parce que toujours l'Eglise annoncera l'Evangile et que dans l'Evangile il est dit : « Bien- « heureux les pauvres, le royaume du ciel leur ap- « partient. »

En échange de quelques biens périssables un royaume ! Et quel royaume ? Le Ciel pour l'éternité.

C'est là qu'il faut chercher maintenant ce grand ami des pauvres et des ignorants, ce bon et doux

P. Chevrier qui, la main sur le Crucifix et les yeux sur le Tabernacle, a passé dans le monde en semant les bienfaits, en distribuant à tous le pain de la doctrine évangélique qui était sa nourriture quotidienne.

« *Beati pauperes spiritu quoniam ipsorum est* « *regnum cœlorum.* »

A la grande joie de tous les fidèles, Son Em. le cardinal Coullié, archevêque de Lyon et de Vienne, primat des Gaules, s'occupe activement du procès de canonisation du bienheureux Père, et bientôt peut-être nous pourrons saluer sur les autels l'austère et douce figure du saint du Prado.

Nous ne saurions mieux terminer cette imparfaite et rapide esquisse qu'en citant une dernière fois les paroles du saint prêtre :

« Il y a deux rois qui se partagent le monde : « Jésus-Christ et Satan.

« Jésus-Christ est un roi pauvre qui vient du ciel « et qui apporte avec Lui des renoncements.

« Tous ceux qui viennent auprès de Lui sont heu-« reux.

« Il a pour devise : Gloire à Dieu, paix aux hom-« mes.

« Il a pour cortège la Charité, l'Humilité, la Sim-« plicité, le Calme.

« Il amène à Lui tous les hommes qui veulent l'ai-« mer et le suivre,

« Satan a pour devise : Mort à Dieu, à Jésus-
« Christ.

« Il a pour cortège la haine, la jalousie, la guerre,
« la mort.

« Autour de lui sont les armes, le bruit, l'hypocri-
« sie, la ruse, la vengeance.

« Satan a beaucoup de partisans parce qu'il donne
« les richesses, les plaisirs.

« Il promet les jouissances immédiates.

« Jésus-Christ promet les récompenses éternelles.

« Un vrai chrétien est un homme qui prend Jésus-
« Christ pour son Maître, qui le suit, écoute sa doc-
« trine et la met en pratique.

« Mais il faut commencer par le connaître.

« Plus nous le connaîtrons, plus nous nous atta-
« cherons à lui.

« O Christ, qui saura vous connaître, qui saura
« vous comprendre ! »

Hoc fac et vives : Faites cela et vous vivrez.

FIN

NOTES DE L'AUTEUR

Page 1 :

En faisant ainsi l'éloge de Lyon l'auteur s'est placé à un point de vue tout à fait local sans vouloir diminuer en rien le mérite des autres villes de France et en particulier de Paris qui peut revendiquer toutes les gloires de sainteté, de science et de charité.

Mais, parlant d'un enfant de Lyon, l'auteur s'est permis de caractériser d'une façon spéciale les œuvres d'une ville devenue l'un des plus beaux fleurons de la couronne de notre chère France si bien nommée la fille aînée de l'Église.

Page 1 : *Au lieu de* lumineuse auréole, *lisez* douce auréole.

Au lieu de toutes les gloires, toutes les grandeurs, *lisez* bien des gloires, bien des grandeurs.

Page 5 : *Au lieu de* somptueuses avenues, *lisez* belles avenues.

TABLE DES MATIERES

856-98. — Impr. des Orphelins-Apprentis, D. Fontaine, 40, rue La Fontaine, Paris-Auteuil.